Издание учебного характера

Катанский В. М.

ГИТАРА ДЛЯ ВСЕХ

Самоучитель игры на шестиструнной гитаре

АККОМПАНЕМЕНТ ПЕСЕН

ТАБЛИЦЫ АККОРДОВ

Издательство Владимира Катанского
Москва 2005

К29 Катанский В.М. Гитара для всех.
Самоучитель игры на шестиструнной гитаре.
Таблицы гитарных аккордов.
Москва: Издательство В. Катанского. 2005. – 184 стр.

ISBN 5-89608-029-8

Юбилейный выпуск самоучителя В. Катанского «Гитара для всех» включает в себя начальные сведения о строении гитары, даёт необходимую информацию о началах музыкальной теории. Здесь же Вы найдёте подробные таблицы гитарных аккордов для аккомпанемента на шестиструнной гитаре. Даются их обозначения и построение. Данные аккорды можно играть без нот, т.е. по таблицам, а также по нотам. В музыкальном приложении Вы встретитесь со своими любимыми мелодиями – романсами, песнями из любимых кинофильмов, творчеством бардов, лучшими хитами современной молодёжной эстрады.

УДК 787.61 (075.4)
ББК 85.315.3я7

Лицензия ИД № 03341 от 20.10.2000 г.

Подписано в печать 21.07.2005 г. Формат 60x90/8. Бумага офсетная № 1.
Объем 23 п. л. Тираж 5 000 экз. Заказ № 746. Отпечатано с готовых диапозитивов.

Издательство Владимира Катанского, 115522, Москва, Пролетарский пр-т, 3.

ОАО «Московская типография № 6», 115088, Москва, Южнопортовая ул., 24

СТРОЕНИЕ ГИТАРЫ

Известно, что классическая гитара окончательно сформировалась в XVIII в. У неё плоский корпус, состоящий из двух параллельных дек, соединённых обечайкой. На верхней деке имеется круглое резонаторное отверстие. В нижней части верхней деки приклеена подставка, к которой крепятся струны. На плоской части грифа находятся металлические порожки, разделяющие гриф на лады. Верхняя часть грифа называется головкой. На ней крепятся колки, которые используют для натягивания и настройки струн.

Струны используются как нейлоновые, так и металлические. Натяжение металлических струн гораздо более сильное, чем нейлоновых, прижимать их довольно тяжело, что затрудняет развитие техники и усвоение приёмов игры. Нейлоновые струны более эластичны. Благодаря своей мягкости они облегчают овладение всеми техническими приёмами.

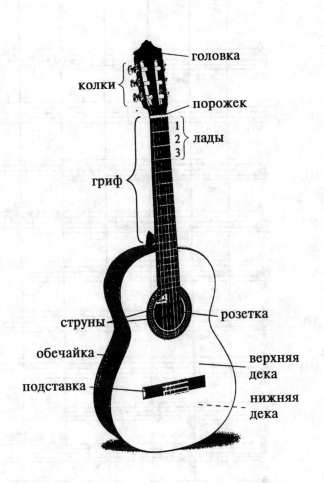

УХОД ЗА ИНСТРУМЕНТОМ

Гитара требует к себе бережного отношения. Особенно следует оберегать её от резких температурных изменений и повышенной влажности. Инструмент требует правильного хранения – в футляре или чехле из уплотнённой ткани. Однако даже в футляре или чехле недопустимо оставлять гитару под лучами солнца, у батарей парового отопления, а также в сырых помещениях. Корпус, гриф и струны после игры рекомендуется протирать фланелевой тряпочкой, чтобы на них не оставалось влаги или грязи. При длительном хранении инструмента в футляре (если гитарой долго не пользуются) струны надо ослабить, чтобы не вызвать деформации верхней деки – основной звучащей части гитары.

Правильное хранение инструмента и постоянный уход за ним – гарантия его долговечности и отличного звучания.

Таблица расположения нот
на струнах и ладах грифа

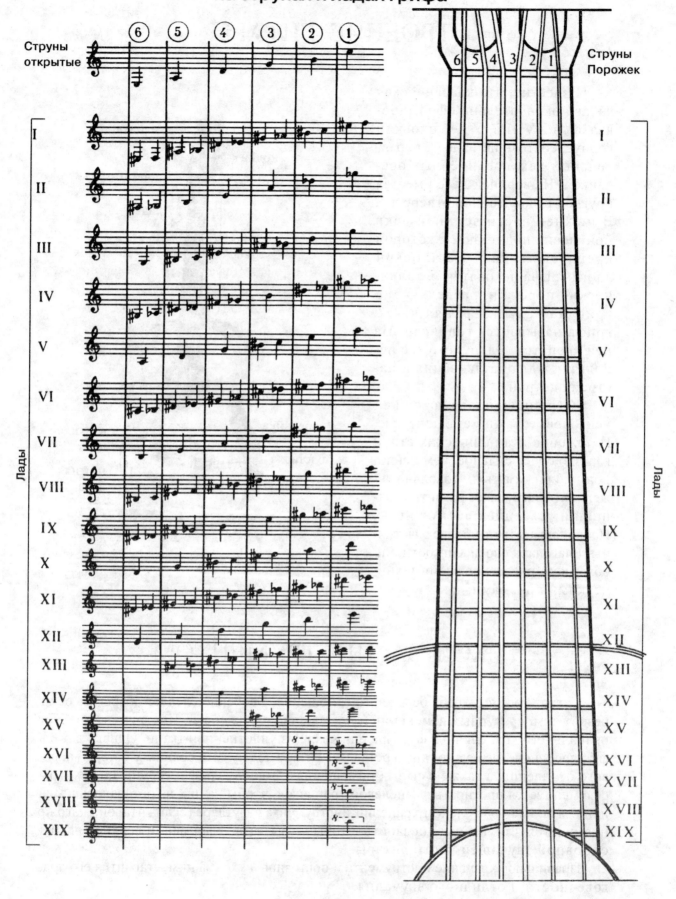

НАСТРОЙКА ГИТАРЫ

"Хорошо настроенный инструмент – половина успеха артиста", считают музыканты-инструменталисты. И, действительно, если на гитаре расстроена хотя бы одна струна, слушателя это обязательно будет раздражать. Его внимание будет заострено именно на фальшивых нотах и отвлечено от художественной стороны произведения, да и сам гитарист постепенно будет выбирать момент, чтобы довернуть колок или ослабить его для подстройки струны. Поэтому необходимо настроить гитару заранее, проверив строй в аккордах и различных позициях.

Следует помнить, что запись нот для гитары ведётся октавой выше их подлинного звучания.

Существуют различные варианты настройки. Наиболее целесообразна настройка сначала первой струны, самой тонкой, а затем всех остальных. Гитару лучше настроить под камертон – в этом случае первую струну надо натягивать до тех пор, пока она, прижатая на V ладу, не зазвучит так же, как камертон. Настроив указанную струну, все остальные затем следует зажимать также на V ладу, подстраивая под открытую соседнюю, более тонкую струну. Исключением будет третья струна, которую нужно прижать на IV ладу. Это правило необходимо запомнить сразу.

Новые струны после установки на гитару обычно растягиваются, плохо держат строй, поэтому их надо периодически подстраивать. Очень важно приучить себя к точному строю гитары.

ПОСАДКА

На классической гитаре играют в положении сидя. Гитарист садится на край жёсткого стула (мягкая мебель исключается), опираясь левой ногой на скамеечку-подставку. Высота подставки зависит от роста гитариста, его комплекции, длины ног и высоты стула. Для мужчин рекомендуемая высота подставки – 10–18 см, для женщин – 14–20 см.

Ступня левой ноги стоит на скамеечке твёрдо, всей плоскостью, правая нога отведена в сторону. Гитара кладётся выемкой корпуса на левое бедро, грифом в левую сторону. Головка грифа должна быть несколько выше плеча. Нижней частью корпуса гитара упирается в правое бедро, а нижней декой прижимается к груди. Предплечье правой руки свободно кладётся на верхнюю часть корпуса гитары. Такое положение обуславливает устойчивость инструмента во время игры. Правое плечо гитариста должно оставаться на одном уровне с левым – это определит правильное положение инструмента на левом бедре. Сидеть надо свободно, не наклоняясь вперёд. Если посадка неудобна, надо изменить высоту подставки, положение правой ноги, переместить правое предплечье.

ПОСТАНОВКА ПРАВОЙ РУКИ

Постановке правой руки в начальный период обучения следует уделить большое внимание. От её положения зависит качество звука и развитие техники игры на гитаре.

При правильной постановке руки предплечье свободно опирается на верхнюю часть корпуса гитары. Кисть руки расслаблена и свободно "повисает" над струнами. Кончики пальцев касаются струн: указательный – третьей; средний – второй; безымянный – первой. При этом пальцы и струны образуют угол $90°$. Выпрямленный большой палец слегка выдвинут вперёд и устанавливается на шестой струне. При этом кисть руки немного отклонится вправо.

При игре на гитаре необходимо иметь ногти, выступающие над подушечками пальцев на 1-2 мм. Ножницами нужно придать ногтям форму "лопаточки", а затем тщательно их отполировать.

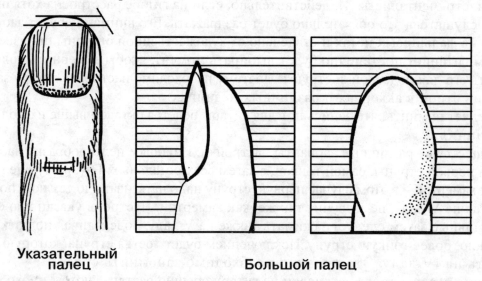

Указательный палец　　　　**Большой палец**

Существует два варианта звукоизвлечения: непосредственно внутренней и наружной стороной ногтей и комбинированный вариант, в котором участвуют одновременно мякоть (подушечка) и ноготь каждого пальца правой руки.

ОБОЗНАЧЕНИЕ ПАЛЬЦЕВ

Поскольку в дальнейшем придётся говорить о том или ином пальце правой и левой рук при игре пьес, необходимо запомнить их обозначение в современной нотной гитарной записи. Способ расположения и порядок чередования пальцев при игре на гитаре, а также обозначение этого способа в нотах называется аппликатурой.

	Правая рука	**Левая рука**
Большой палец	*p* +	–
Указательный	*i* .	*1*
Средний	*m* ..	*2*
Безымянный	*a* ...	*3*
Мизинец	*ch (e)*	*4*

Движения пальцев во время звукоизвлечения не должны быть направлены под тупым или острым углом к струнам.

Не следует дважды подряд ударять по струнам одним и тем же пальцем правой руки (за исключением *"p"*). Всегда следуйте правилу: новый звук – новый палец.

ПРАВИЛЬНОЕ НАПРАВЛЕНИЕ ДВИЖЕНИЯ ПАЛЬЦЕВ

Недопустимо чрезмерное расслабление или напряжение пальцев. Производить движение ими надо экономично, рационально, с минимальной затратой энергии.

Особое внимание следует обращать на *"i"* и *"p"*. Часто они как бы "оттопыриваются" в сторону, что является грубой ошибкой. Внимания требует и *"ch"*, постоянное место которого рядом с *"a"*.

МУЗЫКАЛЬНАЯ ГРАМОТА

Чтобы грамотно исполнять музыкальные произведения, необходимо хорошо знать ноты. У нот простые графические изображения, состоящие из трёх основных частей.

головка → 𝅘
штиль → 𝅘 ← флажок

Ноты имеют семь основных названий:
"до", "ре", "ми", "фа", "соль", "ля", "си".

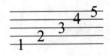

Современная запись нот проводится на пяти горизонтальных и параллельных друг другу линейках, именуемых нотоносцем. Счёт линейкам нотоносца ведётся снизу.

Ноты записывают на линейках и в промежутке между ними, а также под первой и над пятой линейками. Рассмотренные выше линейки – основные. Ещё более низкие или более высокие звуки записывают на добавочных коротких линеечках: более низкие – ниже нотоносца, а более высокие – выше пятой линейки. Они пишутся в виде маленьких чёрточек для каждой ноты отдельно.

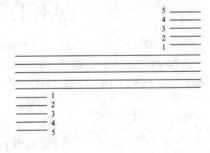

Для определения точной высоты и названия звуков в нотах используют музыкальные ключи, которые ставятся в начале нотной строки. Ноты для гитары записывают в ключе "соль" (скрипичном), который своим завитком огибает вторую линейку, где находится нота "соль", отсюда и название ключа.

Основной строй классической гитары

Струны открытые

Струны: →

Все неприжатые струны обозначаются цифрой 0

ДЛИТЕЛЬНОСТЬ НОТ И ПАУЗ

Музыкальные звуки различаются не только по высоте, но и по длительности. Самая длинная нота – целая, которая дробится на более короткие длительности. Паузы – перерывы в звучании музыки – так же, как и ноты, бывают различной длительности (в таблице паузы написаны в скобках).

ТАКТ. ТАКТОВЫЙ РАЗМЕР

Музыкальное произведение, записанное нотами, делится на равные отрезки, называемые тактами. Такты отделяются друг от друга вертикальными тактовыми чертами.

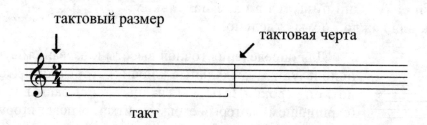

В начале каждого произведения на нотоносце рядом с ключом пишутся две цифры в виде арифметической дроби – это тактовый размер. Верхняя цифра указывает количество долей в такте, а нижняя – длительность одной доли. Чаще всего встречаются размеры $\frac{2}{4}$, $\frac{3}{4}$ и $\frac{4}{4}$. Первая доля такта является опорной (акцентированной) – сильной долей.

ОСНОВНЫЕ ПРИЁМЫ ЗВУКОИЗВЛЕЧЕНИЯ

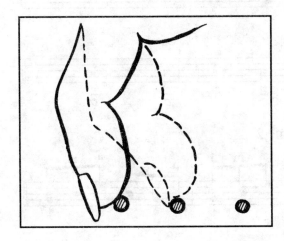

Существует два способа звукоизвлечения для правой руки: апояндо и тирандо.

Апояндо – приём, в котором со струной соприкасаются одновременно подушечка пальца и ноготь. После извлечения звука палец, соскальзывая, обязательно должен опереться на соседнюю струну.

Установить подушечку "i" на первую струну. Затем воспроизвести звук так, чтобы в звукоизвлечении участвовал и ноготь пальца. После толчка струны фаланга пальца должна немедленно соскользнуть на соседнюю струну и опереться на неё подушечкой, но не ногтем. Повторите упражнение другими пальцами.

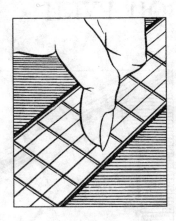

Извлечение звука указательным пальцем приёмом апояндо.

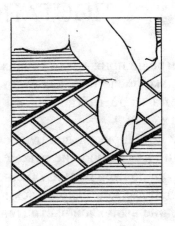

Извлечение звука указательным пальцем приёмом тирандо.

Проделать это упражнение несколько раз, добиваясь пластичности движения пальца и ровного звука, в котором не прослушивалось бы скрежетание ногтя и его царапанье по струне. Апояндо обозначается знаком V.

Тирандо – толчок струны без опоры на соседнюю струну. Струна после звукоизвлечения должна колебаться в амплитуде не от грифа вверх и обратно, а вдоль его плоскости.

Приём тирандо применяется при исполнении арпеджио, арпеджиато, аккордов и т. п. Тирандо обозначается знаком ◢◣.

Ниже приводится небольшое упражнение на рассмотренные приёмы, в котором "p" воспроизводит звуки приёмом тирандо, а другие пальцы – приёмом апояндо. Упражнение дано на открытых струнах. Недопустимо оставлять палец "p" на весу или опираться им на соседнюю струну. Играйте упражнение в медленном темпе, громким звуком. Следите за постановкой руки.

Упражнение 1

Упражнение 2

Играйте приёмом тирандо на открытых струнах. Следите, чтобы правая рука не напрягалась.

ПОСТАНОВКА ЛЕВОЙ РУКИ

К игре на прижатых струнах можно переходить только после того, как будет до автоматизма доведена игра правой руки на открытых струнах.

При постановке левой руки следует обратить внимание на следующие рекомендации: локоть левой руки должен быть свободно опущен; большой палец должен находиться приблизительно на середине выпуклой части грифа; кончики остальных пальцев прижимают струны перпендикулярно плоскости грифа.

Следует ставить пальцы левой руки на лады ближе к правому порожку. Прижимать струны надо достаточно плотно, чтобы не было дребезжания, но при этом нельзя перенапрягать левую руку. Пальцы, не прижимающие струны, находятся на минимальном удалении от грифа.

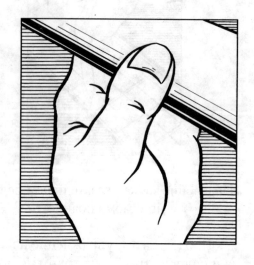

Положение большого пальца левой руки.

Грубым нарушением классических правил игры считается использование большого пальца для более плотного сдавливания струн на ладах. Назначение этого пальца — координировать движения всех других пальцев, прижимающих струны на ладах, создавать им устойчивость во время перемещения из позиции в позицию и при исполнении многозвучных аккордов.

При игре на закрытых струнах в первое время следует уделять большое внимание постановке не только левой, но и правой руки. Желательно играть перед зеркалом, периодически проверяя постановку рук.

ДИАТОНИЧЕСКИЙ ЗВУКОРЯД ГИТАРЫ

В приведённой таблице звукоряда цифрами в кружочках обозначены струны, на которых следует играть данные ноты.

Арабские цифры под нотами обозначают аппликатуру пальцев левой руки; лады, на которых нужно прижать указанную струну, обозначаются римскими цифрами.

По этой таблице можно изучить расположение нот на грифе гитары до ноты "ля" второй октавы. Чтобы найти местонахождение более высоких нот (пока на первой струне – "ми"), следует запомнить, что все звуки в своей последовательности (от ноты "до" до следующей ноты "до") располагаются друг от друга на расстоянии целого тона – через лад, за исключением нот "ми–фа" и "си–до", которые находятся на инструменте рядом – на соседнем ладу.

В контрольной работе потренируйтесь быстро находить звуки на грифе гитары в пределах трёх ладов.

В качестве примера на первые две ноты даны правильные ответы.

Контрольная работа

ИГРА НА ЗАКРЫТЫХ СТРУНАХ

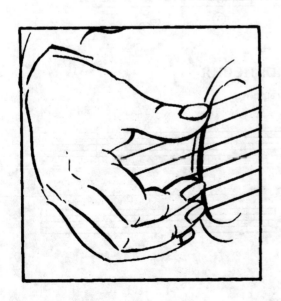

Научившись пальцами левой руки правильно зажимать струны на ладах в соответствии с таблицей расположения звуков в пределах трёх ладов, начинающему гитаристу будет несложно сыграть упражнение или небольшую пьесу, состоящую из этих звуков.

Поскольку *"p"* удобен для воспроизведения звуков, лучше начинать играть небольшие пьесы именно с него.

Исполнение небольших сочинений в пределах трёх ладов должно выработать элементарные приёмы игры и закрепить в памяти месторасположение звуков на ладах и струнах грифа.

Во саду ли, в огороде
(Русская народная песня)

Играть *"p"* приёмом тирандо.

Если две и более ноты (группа, группировка) необходимо сыграть в непривычных позициях (см. далее), под нотами или над ними выставляется знак, обозначающий номер струны, а от него выписывается пунктирная линия, охватывающая группу нот, которую требуется сыграть только на данной струне.

Русскую народную песню **На зелёном лугу** и латышскую народную песню играйте пальцем *"p"* на апояндо со счётом. Не перенапрягайте левую руку.

На зелёном лугу
(Русская народная песня)

Латышская народная песня

Песню **Как пошли наши подружки** играйте пальцами *"i"*, *"m"* на апояндо и на тирандо. Следите за постановкой правой руки.

Как пошли наши подружки
(Русская народная песня)

Длительности нот надо считать вслух, половинные в конце фраз – точно выдерживать. Не форсируйте звучание, старайтесь добиться напевности мелодии – для этого не следует приподнимать пальцы левой руки на ладах до тех пор, пока каждая нота не прозвучит полностью.

При разучивании предлагаемых небольших пьес, играемых приёмом апояндо, необходимо следить за аппликатурой.

Начинающие гитаристы часто испытывают затруднения, исполняя двухголосные пьесы (мелодии с басом). Трудность здесь заключается в том, что пальцы после звукоизвлечения движутся в разных направлениях: большой – вниз, а другие – вверх. Причём палец *"p"*, как правило, играет звуки намного громче. Скоординировать силу звучания в созвучии и усвоить правило не "поддёргивать" кистью – основная задача в начальный период обучения.

На следующем этапе обучения предлагается разучить наизусть пьесы со счётом вслух и строгим соблюдением аппликатуры.

Во саду ли, в огороде
(Русская народная песня)

В пьесе **Во саду ли, в огороде** необходимо сначала разучить мелодию, написанную штилями вверх. Затем разучите эту пьесу с басами, каждый из которых извлекается пальцем *"p"*, причём одновременно с нотой верхнего голоса. Исполняйте пьесу приёмом "тирандо".

14

Четверти отсчитывайте так: первую – "раз-и", вторую – "два-и". Полностью выдерживайте эти ноты в конце музыкальных фраз. Играя созвучия (мелодию с басом), следите за тем, чтобы звуки не "дробились", не арпеджируйте их. Они должны звучать одновременно.

Коровушка
(Русская народная песня)

В пьесе **Коровушка** также разучите сначала мелодию, а затем созвучие, причём бас попадает на первую восьмую в каждой группировке и звучит, аккомпанируя всем остальным нотам такта. Все ноты, играемые без баса, воспроизводите приёмом апояндо. Все ноты должны быть равными по длительности и певучими.

В **Коровушке** две первые восьмые – ноты затакта. Затакт – ноты, по длительности не образующие полного такта и располагающиеся перед первой тактовой чертой. В **Коровушке** эти две ноты попадают на счёт "два-и". Последний такт неполный.

Под затактовыми нотами не выставлен бас – он не нужен по замыслу композиции. Момент молчания баса обозначен знаком паузы – перерыва в звучании музыки.

Выучите наизусть **Андантино** Каркасси. Следите за правильным чередованием пальцев правой руки. Старайтесь левую руку чрезмерно не напрягать. **Андантино** играется приёмом тирандо.

Андантино

М. Каркасси

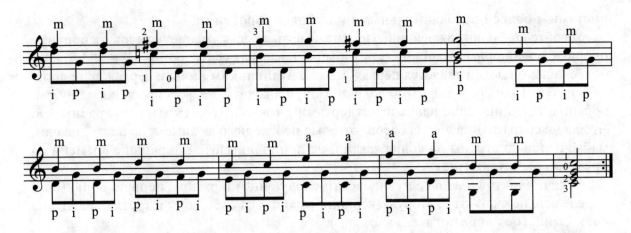

В помещённой ниже песне необходимо играть басовые звуки не на открытых струнах, как раньше, а на закрытых. Эти звуки во время игры должны прозвучать полностью. При наличии трезвучий (аккордов) пальцы левой руки следует оставлять на ладах до смены аппликатуры.

Ходила младешенька по борочку
(Русская народная песня)

Довольно подвижно

Для закрепления навыков извлечения звуков с применением открытых струн разучите **Маленький вальс**.

Маленький вальс

В. Катанский

Внимательно рассмотрите движение мелодии, способ сопровождения её басом, размер тактов и возможные технические приёмы звукоизвлечения. Анализируя пьесу зрительно, обратите внимание на то, что нижние звуки (басы) записаны штилями вниз – это подчёркивает самостоятельность их движения. Учитывая, что размер тактов в данной пьесе равен 3/8, недопустимо играть верхние звуки какими-либо другими длительностями – более продолжительными или более короткими.

Усвойте ещё один важнейший элемент – метр, то есть умение чередовать при игре опорные и неопорные доли в тактах. Обычно в вальсах (размером в 3/4 или 3/8) наиболее сильной долей является первая доля. В **Маленьком вальсе** первая доля попадает на бас. Подчёркивание этой доли должно проходить без форсирования или утрирования. Нижний голос написан четвертями с точкой, то есть эти ноты равны 3/8. Чтобы не сократить звучания басов, которые необходимо зажимать на ладах, не снимайте палец со струны до конца такта и не приподнимайте его раньше времени во время игры восьмушек.

Отсчёт тактов в вальсе лучше вести следующим образом: первую долю (бас) определите на счёт "раз", вторую (верхний голос) – на счёт "два" и третью долю – на счёт "три" (без вспомогательных "и").

Обе восьмитактовые строчки в вальсе заключены в репризы – знаки сокращения нотного письма, предписывающие их повторение и обозначающиеся

Следовательно, каждые восемь тактов надо играть по два раза.

Если в произведениях в конце второй части пишется *Da capo al Fine*, то необходимо повторить с начала до слова *Fine* (Конец).

После проигрывания **Маленького вальса** В. Катанского можно легко разобраться в **Вальсе** Ф. Карулли.

Вальс

Ф. Карулли

Играть с начала до слова "Конец"

Предлагаемый **Вальс** Ф. Карулли написан в размере 3/8, поэтому счёт следует вести без вспомогательного "и", то есть "раз", "два", "три" – на каждый счёт новый звук или созвучие.

Вальс надо учить по частям с повторением (см. репризы в конце). Особое внимание обратите на аппликатуру правой руки. Ноты, записанные штилями вниз (басы), полностью выдерживайте. Они равны 3/8 и должны звучать до окончания такта. Все ноты, записанные штилями вниз, играются пальцем **"p"**. Опорной и сильной долей в вальсе является первая – бас, который должен исполняться слегка подчёркнуто, певуче, но не акцентированно.

Ноты без баса (4-й и 7-й такты) играйте приёмом апояндо, а все созвучия – тирандо.

ЗНАКИ АЛЬТЕРАЦИИ

Полутон – ближайшее, наименьшее по высоте расстояние между звуками.

На грифе гитары полутоны образуются между двумя соседними ладами.

Тон – это расстояние между звуками, равное двум полутонам.

Повысить или понизить звук на полутон или тон можно, применив специальные знаки альтерации.

Альтерация (изменение) в музыке – это повышение или понижение звуков с основными названиями, в результате чего образуются звуки с производными названиями (фа-диез; си-бемоль).

Таблица знаков альтерации

♯ – диез (знак повышения ноты на полутон). Нота с диезом играется на один лад ближе к корпусу гитары.

♭ – бемоль (знак понижения ноты на полутон). Нота с бемолем играется на один лад ближе к головке грифа.

𝄪 – дубль-диез (знак повышения ноты на целый тон). Нота с дубль-диезом берётся на два лада ближе к корпусу гитары.

♭♭ – дубль-бемоль (знак понижения ноты на целый тон). Нота с дубль-бемолем играется на два лада ближе к головке грифа.

♮ – бекар (знак отмены альтерации).

Знаки альтерации, выставленные у головок нот, называются случайными, они действуют до конца такта, а знаки у скрипичного ключа – ключевыми, действующими до конца музыкального про-

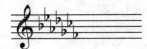
изведения (или его части). Диезов и бемолей при скрипичном ключе может быть выставлено от одного до семи.

Упражнение 3

В этом упражнении после проигрывания первого такта 1-й и 2-й пальцы скользят по струнам на следующие лады (соответственно на 2-й и 3-й), после проигрывания второго такта – на 3-й и 4-й и т. д. до 12-го лада и обратно. Предлагаемое упражнение способствует развитию арпеджио. Исполнять его необходимо ровно, на счёт 6/8, громко, на тирандо. Следите за постановкой рук.

Этюд

Ф. Карулли

ОСНОВНЫЕ ВИДЫ ДИНАМИКИ

ppp – пиано-пианиссимо (чрезвычайно тихо);

pp – пианиссимо (очень тихо);

p – пиано (тихо);

mp – меццо-пиано (не очень тихо);

mf – меццо-форте (звук умеренной, средней силы);

f – форте (громко);

ff – фортиссимо (очень громко);

fff – форте-фортиссимо (чрезвычайно громко);

– субито (резкая, внезапная смена силы звучания, достигающаяся посредством сильного подчёркивания или же неожиданным, резким снижением силы звучания. Подчёркивание сильным звуком обозначается знаком sf – сфорцандо, слабым – sp – субито-пиано);

cresc., ⎯⎯⎯⎯⎯ – крещендо (постепенное нарастание силы звучности);

dim., ⎯⎯⎯⎯⎯ – диминуэндо (постепенное ослабление звучности);

Акцент – ударение на отдельном звуке или аккорде. Музыкальное выделение звука или аккорда достигается за счёт его динамического усиления. Акцентирование достигается в нотах знаками: > , ⋁ , ⋀ .

ТЕМП

Темп (от латинского слова – время) – это скорость и характер исполнения музыкального произведения. Для обозначения темпов употребляются главным образом итальянские термины.

Наиболее употребимые музыкальные термины

Медленные темпы

Largo (ларго) – широко
Lento (ленто) – медленно
Adagio (адажио) – медленно, свободно
Grave (гравэ) – тяжело

Умеренные темпы

Andante (андантэ) – неторопливо, идя шагом
Sostenuto (состэнуто) – сдержанно
Moderato (модэрато) – умеренно
Allegretto (аллегрэтто) – оживлённо

Быстрые темпы

Allegro (аллегро) – скоро
Vivo (виво) – живо
Presto (прэсто) – очень быстро

Дополнительные слова

Tempo I (тэмпо примо) – первоначальный темп
a tempo (а тэмпо) – в прежнем темпе
accelerando, сокр. **accel.** (аччелерандо) – ускоряя
ritenuto, сокр. **rit.** (ритэнуто) – замедляя, сдерживая
piu mosso (пью моссо) – более подвижно
meno mosso (мэно моссо) – менее подвижно
molto (мольто) – очень, весьма
con moto (кон мото) – с движением
poco a poco (поко а поко) – постепенно
cantabile (кантабиле) – певуче
dolce (дольче) – нежно
simile (симиле) – так же

ИНТЕРВАЛЫ

Интервалом называется одновременное или последовательное сочетание двух звуков по высоте. Игра интервалами – это игра созвучиями.

Если эти звуки извлекаются одновременно, то такие интервалы называются гармоническими, а если звуки извлекаются последовательно, то мелодическими.

Интервалы бывают диссонирующими и консонирующими. Диссонанс – в музыке неслитное, напряжённое звучание тонов.

Консонанс – слитное, согласованное, приятное для слуха звучание тонов.

Таблица основных интервалов

	Название интервалов	Количество тонов	Сокращённое обозначение
1	Прима чистая	0	ч. 1
2	Секунда малая	0,5	м. 2
	Секунда большая	1	б. 2
3	Терция малая	1,5	м. 3
	Терция большая	2	б. 3
4	Кварта чистая	2,5	ч. 4
5	Квинта чистая	3,5	ч. 5
6	Секста малая	4	м. 6
	Секста большая	4,5	б. 6
7	Септима малая	5	м. 7
	Септима большая	5,5	б. 7
8	Октава чистая	6	ч. 8
9	Нона малая	6,5	м. 9
	Нона большая	7	б. 9

Интервалы, построенные от ноты "ре"

ЛАД. ГАММА. ТОНАЛЬНОСТЬ

Лад – это система взаимосвязей музыкальных звуков, обусловленная тяготением неустойчивых звуков к устойчивым (опорным).

Звуки лада в порядке их высоты образуют гамму.

Гаммой называется последование звуков (ступеней) лада, расположенных, начиная от основного тона в восходящем или нисходящем порядке со строго определёнными интервалами между соседними звуками.

Тональностью называется высотное положение лада. В обозначении тональности указывается звук тоники (1 ступень гаммы) и лад (например, "до мажор", "до минор" и др.

Тональность определяется по ключевым знакам и по тяготению к основному тону (тонике).

и т. д. все мажорные гаммы

НАТУРАЛЬНЫЕ МАЖОРНЫЕ
И МЕЛОДИЧЕСКИЕ МИНОРНЫЕ ГАММЫ

Аппликатура Андреса Сеговии

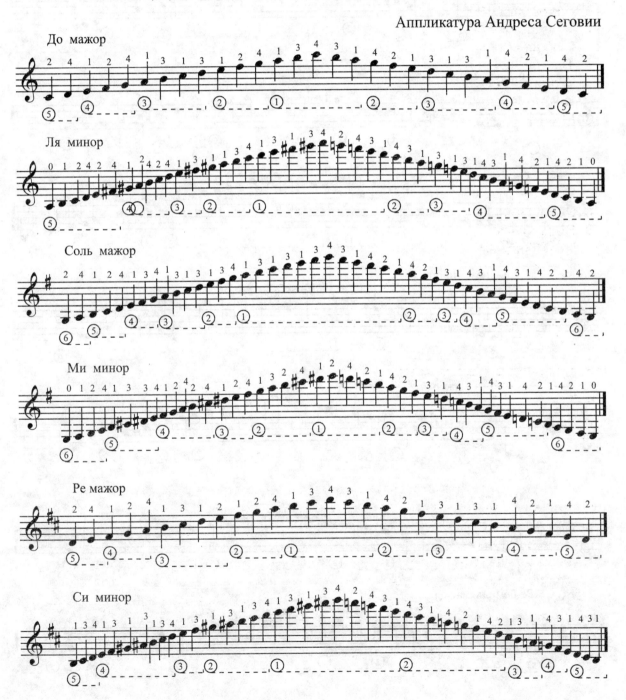

22

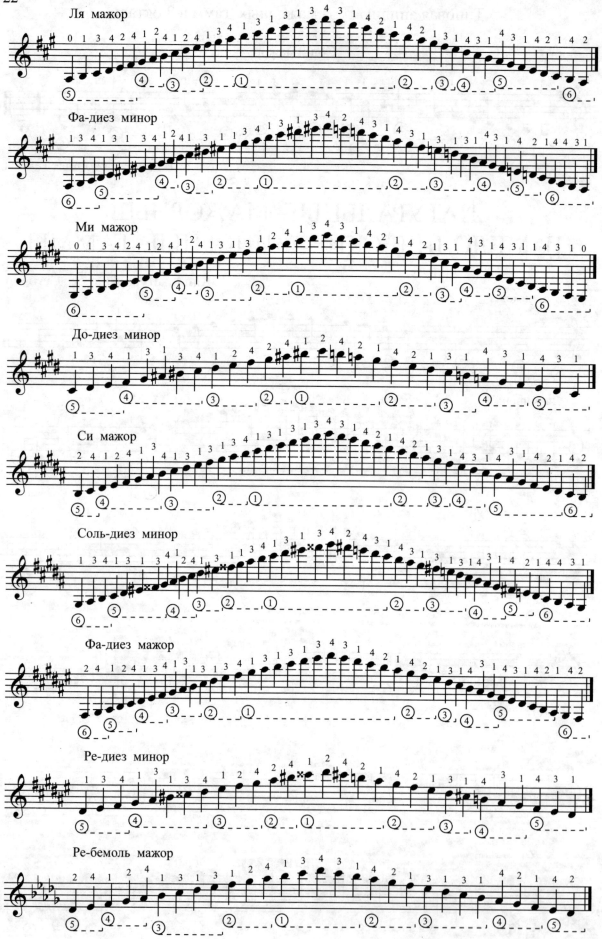

23

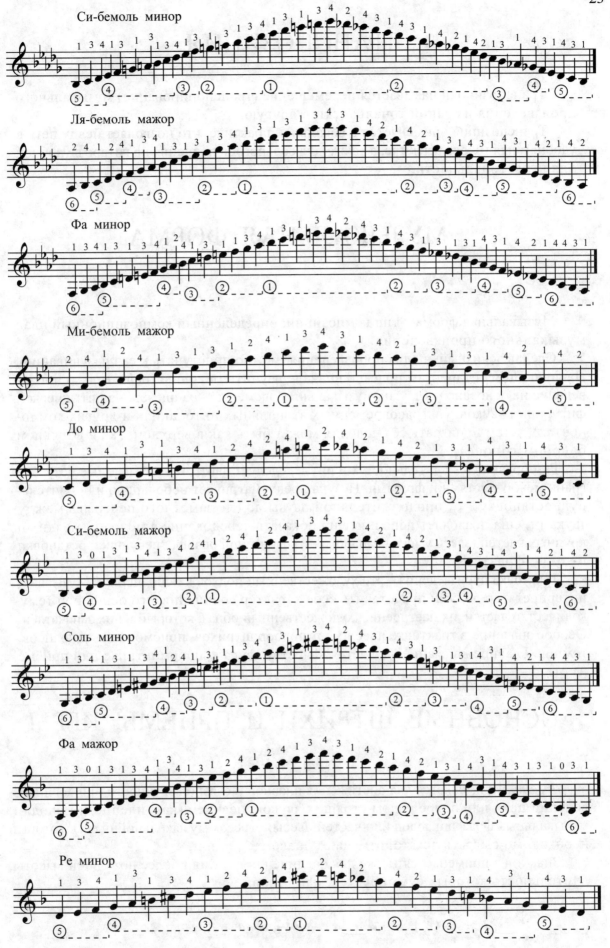

ТРАНСПОЗИЦИЯ

Транспозицией называется перемещение (транспонирование) музыкального произведения из одной тональности в другую.

Транспозиция применяется в вокальной практике, что позволяет певцу петь в удобном для голоса регистре, а также для сольного исполнения на гитаре в удобной для игры тональности.

МУЗЫКАЛЬНАЯ ФОРМА

Музыкальная форма – тип композиции; определённый композиционный план музыкального произведения.

Сделав эскизный анализ произведения, можно приступать к его разучиванию. Начинающим гитаристам полезно вначале изучить мелодию (если только произведение не основано на других музыкальных элементах, например, на ритмической фигурации звуков, ультрасовременных атональных интонациях и других компонентах), затем проиграть её (мелодия может быть как в верхнем, так и в нижнем басовом голосе).

Разобравшись в длительностях и ритме, следует найти так называемые цезуры – грани между частями и фразами. Цезура предусматривает небольшую или длительную остановку – от продолжительной паузы до еле заметного перерыва между звуками. Она позволяет исполнителю показать чередование в мелодии мелких и крупных частей (здесь уместна аналогия со словесной речью, требующей остановки в конце фраз).

Трактовка произведения – это художественный подход к исполнению. Музыкант-интерпретатор должен представить себе характер сочинения, его основную тему, количество частей, их настроение, художественный образ, который в них запечатлён. Особое значение в трактовке пьес имеет подбор штрихов, приёмов игры, нюансов, темпов. Главное внимание уделяется качеству звука в любом штрихе или приёме игры.

ОСНОВНЫЕ ШТРИХИ И ПРИЁМЫ ИГРЫ

Легато. Применяется для достижения плавной и связной звучности при воспроизведении двух или более рядом стоящих звуков, певучей (кантиленной) мелодии, музыкальных фраз, эпизодов или частей пьесы; отрезок музыкальной пьесы, который необходимо сыграть легато, отмечают знаком ⌢ или ⌣ .

Знак лиги применяется также для соединения двух или более нот одной высоты, длительность которых суммируется, например:

$$ \flat \quad \flat \ = \ \flat \cdot \left(\frac{3}{4}\right) \qquad \flat \quad \flat \ = \ \flat \cdot \left(\frac{3}{8}\right) \qquad \text{и т. д.} $$

На заре ты её не буди!

Музыка А. Варламова

Не скоро

Нисходящее легато. Если ноты над знаком лиги записаны в нисходящем порядке, такое легато называется нисходящим.

В следующем примере необходимо установить сразу два пальца левой руки на нужные струны и лады грифа, затем извлечь первый звук пальцем правой руки, а последующий – путём "сдёргивания" пальца левой руки с данной струны так, чтобы второй звук был воспроизведён чисто и в должной последовательности, без участия правой руки.

Несколько проще извлекать легато второй звук, когда он попадает на открытую (неприжатую) струну.

Этюд

Не спеша

Х. Сагрерас

Менуэт

Л. Ронкалли

Восходящее легато. Если ноты над знаком лиги записаны в восходящем порядке, такое легато называется восходящим.

Исполняется восходящее легато следующим образом. Второй звук извлекается за счёт отвесного удара нужного пальца левой руки на нужном ладу без помощи правой руки.

Вальс

Д. Фортеа

Стаккато – отрывистое, короткое звучание. Стаккато исполняется двумя способами: приглушить струну, на которой исполняется звук, пальцами правой руки или после удара правой руки слегка приподнять пальцы левой руки.

Упражнение

Не быстро

Знак стаккато обозначается точкой над нотами или под ними. Изредка встречаются этюды и пьесы, целиком написанные с использованием штриха стаккато. Штрих стаккато укорачивает звучание нот на половину их обозначенной длительности – например, если ноты в пьесе записаны восьмыми, то звучат они, по существу, шестнадцатыми.

Кукушка
(Швейцарская народная песня)

Оживлённо

Спиккато – разновидность штриха стаккато, позволяющая воспроизводить на струнных инструментах звуки оригинальной окраски, резкие и суховатые. Спиккато обозначается "клинышком" – знаком, напоминающим треугольник. По существу, надо играть штрих стаккато, но с применением кончиков ногтей пальцев правой руки (без участия подушечек). После касания струны необходимо очень быстро прекратить её звучание при помощи соседнего пальца правой руки.

Скерцо

А. Диабелли

В **Скерцо** А. Диабелли знаки спиккато выставлены над нотами длительностью в четверть. Если стаккато предписывало играть четверти восьмыми, то спиккато теоретически должно звучать вдвое короче стаккато. При этом полностью выдерживается длительность – четверть в паузах.

В **Скерцо** надо обратить внимание на аккорды, в которых отсутствуют знаки, указывающие на отрывистое исполнение, – такие аккорды должны звучать полностью, в соответствии с длительностью.

Аккорд – одновременное сочетание нескольких звуков (не менее трёх) различной высоты, расположенные в определённой закономерности. Сочетание по высоте двух звуков называется созвучием (интервалом). Ноты в аккордах располагаются одна над другой, по вертикали. Ниже приведены аккорды, которые надо проиграть, обращая внимание на то, чтобы все звуки были сыграны одновременно.

Для этого необходимо правильно установить нужные пальцы левой руки на нужных струнах и ладах (не прогибая пальцы в фалангах), а пальцы правой руки – на струнах (подушечками, но не ногтями) и воспроизвести аккорд как бы "щепоткой" – упругими пальцами, без движения кисти вверх.

Извлечение четырёхзвучных аккордов.

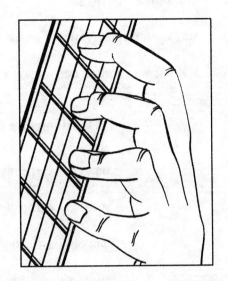

Положение пальцев левой руки при исполнении четырёхзвучного аккорда.

При исполнении созвучий и аккордов недопустимо "поддевать" струны снизу и "поддёргивать" кистью.

Буквенно-цифровые обозначения аккордов

Название звуков	До	Ре	Ми	Фа	Соль	Ля	Си	Си♭
Латинские буквы Мажорные трезвучия	C	D	E	F	G	A	B	B♭
Русское произношение	цэ	дэ	э	эф	гэ	а	бэ	бэ-бемоль
Минорные трезвучия	Cm	Dm	Em	Fm	Gm	Am	Bm	B♭m
Секстаккорды	C6	D6	E6	F6	G6	A6	B6	B♭6
Доминантсептаккорды	C7	D7	E7	F7	G7	A7	B7	B♭7

Основные формулы построения аккордов

T – мажорное трезвучие   T = б. 3 + м. 3

t – минорное трезвучие   t = м. 3 + б. 3

T6 – мажорное трезвучие с большой секстой   T6 = б. 3 + м. 3 + б. 2

T7 – малый мажорный септаккорд   T7 = б. 3 + м. 3 + м. 3

Обозначения аккордов от ноты До (C)

C   – мажорное трезвучие (до – ми – соль)

Cm   – минорное трезвучие (до – ми♭ – соль)

C6   – мажорное трезвучие с большой секстой (до – ми – соль – ля)

Cm6   – минорное трезвучие с большой секстой (до – ми♭ – соль – ля)

C7   – малый мажорный септаккорд (до – ми – соль – си♭)

Cm7   – малый минорный септаккорд (до – ми♭ – соль – си♭)

C+7 или Cmaj7 – большой мажорный септаккорд (до – ми – соль – си)

C9   – мажорный нонаккорд (до – ми – соль – си♭ – ре)

Для удобства аккомпанемента-сопровождения песен под гитару применяются следующие тональности:

Мажорные		Минорные	
До мажор	– C	Ля минор	– Am
Соль мажор	– G	Ми минор	– Em
Ре мажор	– D	Ре минор	– Dm
Ля мажор	– A	Соль минор	– Gm
Ми мажор	– E	Си минор	– Bm
Фа мажор	– F	Фа-диез минор	– F♯m

Арпеджио – последовательное исполнение звуков аккорда один за другим. Это один из характерных приёмов игры на гитаре. Порядок чередования звуков может быть различным.

Этюд

М. Джулиани

Величественно

Сочетание двух основных приёмов – тирандо и апояндо – хорошо развивает пальцы правой руки, воспитывает навыки игры мелодии в арпеджио.

Этюд М. Джулиани написан с применением арпеджио, с темой в басовом голосе. Обратите внимание на точное ритмическое исполнение этюда. Пальцем *"p"* следует играть апояндо, остальные пальцы играют тирандо.

Полезно также выучить небольшую прелюдию М. Каркасси. В ней звуки, играющие пальцем "a", следует воспроизводить приёмом апояндо. При этом тренируется палец, которому впоследствии отводится место в воспроизведении мелодии. Остальные пальцы играют приёмом тирандо.

Прелюдия

М. Каркасси

Записанные двойными нотами басы в прелюдии надо играть как одну ноту, звучание которой должно соответствовать звучанию всей группировки, в которой она записана.

Арпеджиато – приём, очень сходный с арпеджио, но исполняющийся несколько быстрее при игре аккордов пальцами правой руки. Например, если аккорд в арпеджио был сыгран так:

то в арпеджиато он должен быть сыгран следующим образом:

Арпеджиато, как правило, записывается так, как указано в примере, или обозначается волнистой тонкой чертой перед аккордом.

Волнистая черта может быть помещена в сочетании со стрелками (указателями направления движения звуков) или без них.

Главное в данном приёме – воспроизведение аккорда очень быстрым перебором пальцев. Обычно в арпеджиато используется несколько пальцев правой руки, но этот приём можно выполнять и одним пальцем, например, большим или указательным.

В рассмотренных примерах большим пальцем аккорды играются от баса, а указательным – от верхнего голоса, от первой струны к шестой.

Глиссандо – скольжение вдоль струн вверх и вниз по грифу пальцами левой руки. Глиссандо достигается за счёт плавного скольжения плотно прижатых пальцев по струнам, во время которого пальцы воспроизводят звуки на ладах. Обозначается косой чертой между нотами.

Глиссандо может быть восходящим и нисходящим.

Нередко необходимо глиссандировать звуки с подменой пальцев.

Несколько сложнее играть созвучия.

Главная трудность в последнем примере – исполнение звуков, которые извлекает другой палец.

Реже встречается глиссандо при воспроизведении аккордов.

Вальсик

В. Славский

БАРРЭ

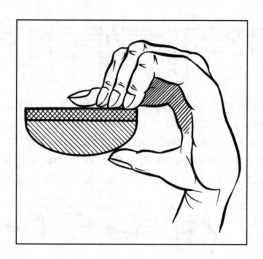

Положение большого пальца при игре на баррэ.

Баррэ – прижатие двух и более струн на одном ладу указательным пальцем левой руки. Прижимая две или три струны одним пальцем, получим малое баррэ; прижимая четыре и больше струн – большое баррэ. В приёме баррэ указательному пальцу противодействует большой. Остальные пальцы должны быть свободны. В нотах приём баррэ обозначается римской цифрой. Продолжительность приёма баррэ обозначается пунктирной линией.

Упражнение

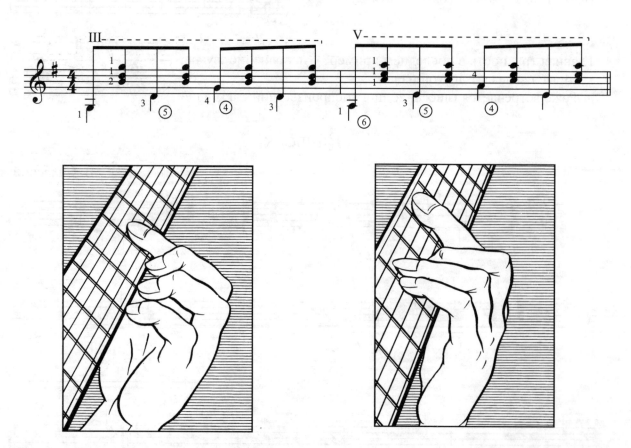

Правильное положение указательного пальца при исполнении малого баррэ.

Правильное положение указательного пальца при исполнении большого баррэ.

Во всех видах баррэ пальцы левой руки следует устанавливать на ладах так, чтобы струны не попадали на изгибы фаланг. Следует иметь в виду, что конструкция классической гитары такова, что второй изгиб указательного пальца при игре большого баррэ должен находиться между первой и второй струнами. Критерием для определения данного положения может служить середина грифа. В этом месте грифа изгиб 1-го пальца должен попасть в промежуток между третьей и четвёртой струнами.

Упражнение

Барыня
(Русская народная песня)

Играйте **Барыню**, передвигая руку с одной позиции на другую.

ИГРА В ПОЗИЦИЯХ

Позицией на гитаре называется положение кисти левой руки на грифе, при котором возможно, не сдвигая её с данного участка, сыграть заданную последовательность звуков. Местоположение и номер позиции определяются 1-м пальцем – над каким ладом он зависает или на каком ладу зажимает струны. Тем самым мы воспроизводим звуки в позициях, номера которых определяются местоположением 1-го пальца.

Номера позиций в нотах для гитары обозначаются римскими цифрами. Игра в высоких позициях позволяет создать интересный по звучанию тембр, облегчает технику исполнения. Изучить расположение звуков в позиции довольно легко, если учесть, что, начиная от открытой струны, звуки от лада к ладу располагаются в хроматическом порядке, по полутонам.

В примере, помещённом ниже, выписаны аккорды со звуками в позициях. Чтобы легче было найти звуки в аккордах, римскими цифрами указаны номера позиций, где должен расположиться 1-й палец. Для большего удобства у некоторых нот в аккордах помимо указанной позиции, выставляются номера соответствующих струн.

В следующем упражнении найти выписанные звуки в позициях, прижать их 1-ми пальцами и проставить, определив по положению 1-го пальца, номера позиций над нотами.

С целью освоения навыков игры арпеджио и аккордов в позициях необходимо разучить **Этюд** М. Джулиани.

Этюд № 5

М. Джулиани

В первых шести тактах первая и шестая струны играются открытыми, а все остальные ноты – на второй, третьей и четвёртой струнах, включая бас.

В последних двух тактах не следует снимать пальцы левой руки с ладов, на которых прижимаются ноты "си", "ми", "соль". Выучив этюд наизусть, можно добиться чистоты звучания каждой струны, что позволит имитировать журчание ручейка (особенно в достаточно быстром темпе).

АББРЕВИАТУРА В ЗАПИСИ НОТ

Аббревиатуры упрощают и сокращают нотную запись, позволяют исполнителю лучше зрительно воспринять и легче её запомнить, сократить время при переписке.

К аббревиатурам относятся репризы, предписывающие повторение отдельных тактов, эпизодов или целых частей, а также знак, выставляемый иногда под ключом или под (над) группой нот и указывающий, что записанное под (над) ним играют октавой ниже (выше) написанного.

Другой широко применяемый знак – короткие чёрточки, размещённые на штилях нот. Нота, перечёркнутая на штиле одной чертой, обозначает следующее:

Ноты, перечёркнутые дважды, имеют следующее значение:

ВИРТУОЗНЫЕ ПРИЁМЫ ИГРЫ

Тремоло – имитационный приём для подражания звучанию мандолины, скрипки или другого щипково-смычкового инструмента с одновременным сопровождением гитары.

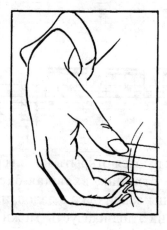

Положение пальцев при исполнении тремоло.

Достигается тремоло путём частого и быстрого воспроизведения какого-либо звука одной высоты. При этом создаётся впечатление его беспрепятственного звучания, как бы воспроизводимого на одном движении смычка. Например, если на мандолине необходимо сыграть целую ноту в сопровождении гитары (или другого инструмента), этого достигают благодаря частым ударам по струне медиатором (плектром) в обе стороны; при игре на гитаре тот же результат получается без применения плектра, а толчком струн пальцами правой руки.

Ниже приведена запись подобного эпизода.

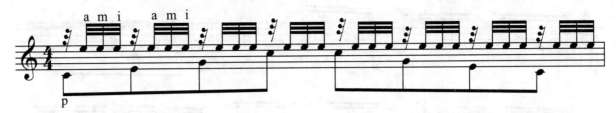

Здесь первый толчок струны попадает вначале на бас и влияет на гармонию, ритм и длительность. Если в примере для мандолины данный эпизод играли два инструмента, то во втором примере – только одна гитара.

В тремоло, имитирующем звучание мандолины, звуки должны получаться суховатыми и чёткими. Необходимо добиваться осмысленного воспроизведения звуков. нельзя форсировать басы – играть сопровождение громче, чем звуки тремоло. Не полагается также оставлять **"р"** на струнах.

Тремоло – сложный приём и его не всегда чётко выполняют даже музыканты с хорошей техникой игры.

Важно также развивать пальцы в различных вариантах аппликатуры.

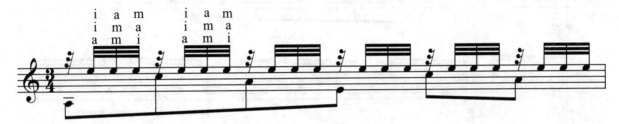

В тремоло, имитирующем звучание скрипки или другого смычкового инструмента, надо добиваться мягкого тона и слитного звучания. Как правило, этого достигают, перенося кисть правой руки ближе к грифу у верхней части розетки и соприкасаясь со струнами не ногтями, а подушечками пальцев. Сила толчка струны пальцами правой руки должна быть пропорционально ровной. Недопустимо, например, **"а"** воспроизводить звук сильнее, чем **"i"**, и т. п. Иногда дилетанты играют тремоло, намеренно стараясь попасть всеми пальцами правой руки "в одну точку" на струне, чем грубо искажают правила постановки руки, принуждая её к излишним движениям. Если каждый палец хорошо тренирован, тремоло будет ровным и мягким.

Необходимо выучить **Модерато** М. Каркасси – пьесу, подготавливающую к игре тремоло. Аппликатура пальцев указана только в первых двух тактах этой пьесы, в последующих тактах с несколько изменённой конфигурацией можно выставить варианты аппликатуры с таким расчётом, чтобы развить слабые пальцы на правой руке.

Модерато

М. Каркасси

Хас-Булат удалой
(Русская народная песня)

Умеренно, певуче

Обработка П. Панина

Играть от знака **𝄋** до **⊕** , затем перейти на *Окончание*.

Тамбурин имитирует звучание различных видов малых барабанов или других ударных инструментов. Рассмотрим наиболее часто встречающийся вариант приёма тамбурин. Резко ударьте пальцем **"p"** по струнам у подставки. Этот удар вызовет гулкий звук корпуса гитары.

Передвижение большого пальца должно быть стремительным, но при этом следует исключать лишние движения в запястье. Этот тембр игры обозначается крестиками, замещающими головки нот.

Если требуется воспроизвести мелодию аккордами, от знака Tamb. проводят пунктирную линию, охватывающую эпизод, предназначенный для исполнения этим приёмом.

Расгеадо – приём, заимствованный из испанского народного стиля, "фламенко", который позволяет воспроизводить аккорды с шумовым эффектом и насыщенной звучностью. Он достигается скольжением пальцев правой руки по струнам как со стороны ногтей, так и со стороны подушечек.

Расгеадо разделяется на малое и большое.

Установите пальцы левой руки для следующего аккорда:

В нижней части знака арпеджиато – **"ch"**, с которого начинается извлечение аккорда, в конце волнистой черты **"i"** завершающий приём малого расгеадо. Звуки надо извлекать всеми четырьмя пальцами, быстрым скольжением со стороны ногтей по всем струнам – от шестой к первой.

Малое расгеадо можно использовать в аккордах, движением пальцев не со стороны ногтей, а со стороны подушечек. Такой приём называется обратным малым расгеадо и выполняется так: расположить пальцы правой руки "веерообразно", затем "протащить" их по струнам к себе, начиная от **"i"** к **"ch"**. Подушечки пальцев проходят по всем шести струнам – от первой к шестой.

При использовании **"p"** расгеадо называется большим и полным. Его выполняют аналогично (со стороны ногтей), но после того, как четыре пальца соскользнут со струн, за ними немедленно должен проследовать и **"p"**.

Если расгеадо осуществляют без арпеджирования аккордов, его обозначают не волнистой, а прямой вертикальной чертой со стрелкой, указывающей направление движения звуков.

В этом случае пальцы правой руки должны воспроизводить звуки не "в россыпь", а одновременно, движением кисти.

Пиццикато – приём, имитирующий звучание смычковых инструментов, на которых играют не смычком, а щипком пальцев. На гитаре пиццикато возможно получить таким же приёмом – щипком пальцев **"i"** или **"p"**, но с обязательным приглушением струн, которое достигается наложением на струны у подставки ребра правой ладони.

Приглушая струны указанным способом, сыграть следующее упражнение щипками, которые осуществляются подушечкой пальца не снизу вверх, а справа налево (струна колеблется без постукиваний о гриф в направлении к исполнителю. В нотах пиццикато обозначается сокращённо – *pizz.*

Упражнение

В. Катанский

Тореадор

И. Рехин

В этой пьесе используются расгеадо и пиццикато. Выучите эту пьесу наизусть. Играйте громким, плотным звуком.

Флажолеты – это озвученные обертоны. Звук воспроизводится лёгким касаньем подушечкой пальца левой руки струн над порожками так, чтобы струна не была прижата к грифу.

Установите 3-й палец над порожком XII лада так, чтобы палец соприкасался со струной. Ударьте струну пальцем правой руки, после чего немедленно приподнимите палец левой руки над струной, чтобы дать ей возможность вибрировать. Этот приём чаще всего применяют на V, VII и XII ладах. Такие флажолеты называются натуральными. Флажолеты обозначаются буквами Fl. с указанием лада (Fl. XII).

Искусственные флажолеты воспроизводятся двумя пальцами правой руки на открытых и на закрытых струнах. При этом *"i"* соприкасается с нужной струной подушечкой, а другой палец (чаще *"a"*) воспроизводит звук.

Играя искусственные флажолеты на закрытых струнах, необходимо высчитать, какое количество ладов прошёл данный палец от открытой струны, затем такое же количество ладов нужно отсчитать от 12-го лада и исполнить флажолет правой рукой над нижней пластиной данного лада. Например, если зажата струна на 1-м ладу, флажолет надо производить над 13-м ладом, если на 2-м – над 14-м ладом и т. д.

Таблица натуральных флажолетов

Испанский вальс

Н. Паганини

Обратная сторона Луны

Н. Кошкин

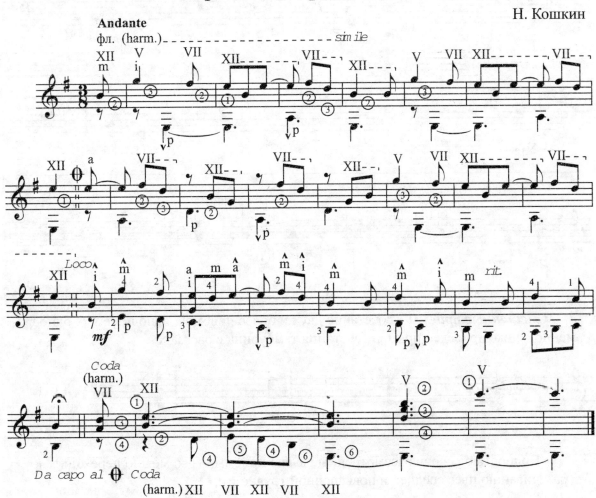

СИНКОПА

Синкопа – это перенесение ударения с сильной доли на слабую. Синкопа создаёт обострение ритмического рисунка и придаёт произведению своеобразный колорит.

Синкопы могут быть как внутри такта, так и между тактами. В междутактовых синкопах акцент переносится с сильной первой доли на слабую последнюю долю предыдущего такта.

Этюд

Не спеша (босса-нова)

А. Виницкий

Смешанные приёмы – сочетание двух и более приёмов, используемых одновременно. Ниже приведён пример сочетания тамбурина с расгеадо.

и т. д.

Полностью освоив рассмотренные выше приёмы игры, можно переходить к разучиванию пьес средней и повышенной трудности.

ГИТАРНАЯ ИНТЕРПРЕТАЦИЯ ПРОИЗВЕДЕНИЙ И. С. БАХА

Один из признаков хорошего вкуса гитариста-исполнителя – наличие в его репертуаре произведений композиторов-классиков, в том числе И. С. Баха.

Исполняя пьесы этого композитора, переложения для гитары с других инструментов (флейта, клавесин, лютня, скрипка, виолончель), важно сохранить стиль композитора, характеризующийся своеобразием полифонического склада, строгостью в движении голосов по темпу (недопустимо при интерпретации произведений И. С. Баха необоснованно ускорять или замедлять их темп). Необходимо знать, для какого инструмента была написана данная пьеса, а затем подобрать нужный тембр для её исполнения. Например, если пьеса написана для клавесина, рекомендуется ногтевой приём, имитирующий звучание этого инструмента.

Однако не всегда необходимо имитировать инструменты, для которых писал композитор. Порой использование специфики гитары может быть более целесообразным. Ошибки здесь могут привести к неправильному истолкованию классической музыки.

Нельзя также забывать, что во многих сочинениях И. С. Баха танцевального характера нет полифонизма, поэтому искать подголоски в пьесах "галантного" стиля или гомофонно-гармонического склада не следует. В то же время полифонические произведения (инвенции, фуги, фугетты и прочие) необходимо внимательно просмотреть, обратив внимание на гармонии и движение подголосков.

Надо всегда добиваться чёткого "произношения" (артикуляции) и выделения главной мысли, не "комкая" подголоски и не нарушая самостоятельность движения мелодических линий.

Сочинения И. С. Баха можно интерпретировать на классической гитаре двояко: в современном стиле, то есть с учётом возможностей инструмента и применения подвижной динамики, экспрессии, либо в стиле эпохи композитора.

В сочинениях И. С. Баха для гитары соло нет особых ритмических фигураций и полифонизма. Главное в исполнении этих пьес – чёткий ритм, синхронность движения контрапунктирующих линий и сохранение заданного тембра. При интерпретации произведений этого композитора одна из важнейших задач исполнителя – ритмически выравненное, чёткое воспроизведение интонационного рисунка каждого из голосов.

После разучивания пьесы наизусть надо стремиться сыграть её более эмоционально, соблюдая указания композитора. Недопустима утрированная динамика (для музыки Баха характерна нечастая смена динамических градаций), поскольку смена нюансов мешает прослушиванию мелодических линий в полифонии.

Из всех средств агогики, применяемых при интерпретации сочинений И. С. Баха, реже всего используют ускорение (в пассажных каденциях), замедление же в конце пьесы иногда уместно. Нежелательны слишком частые ритмические остановки, которые могут создать впечатление заторможенности музыки. Как правило, произведения И. С. Баха играют связно, мягко, без резкого перехода от "пиано" к "форте". Резкое сопоставление "форте" с "пиано" предусмотрено у композитора для создания эффекта эхо. Последний аккорд надо взять с небольшим акцентом и выдержать его до конца в длительности и звучности, затем аккуратно снять звук.

Менуэт

Andante (Не спеша)

6e en Ré

И. С. Бах

Марш

Gagliardo (Бодро)

И. С. Бах

1) Малое баррэ на II ладу.

ГИТАРА В АККОМПАНЕМЕНТЕ

Голос (пение) записывается на отдельной нотной строке, а партия гитары – на другой, помещаемой ниже партии вокалиста. Партия гитары записывается так, чтобы аккомпанемент ритмически точно совпадал с нотами партии голоса.

Гитарист-аккомпаниатор должен предварительно выучить свою партию, проследить по партитуре ритм и после этого начинать репетиции с певцом. Гитарист может выходить на сцену с нотами, которые устанавливаются на пульте.

При аккомпанементе очень важно чувство ансамбля. Партия гитары, сопровождающая сольную партию певца, должна помогать солисту точно исполнять свою партию. Сопровождение никогда не должно приглушать голос певца, за исключением тех эпизодов, когда гитаре отводится солирующий момент (проигрыш, каденция и др.) Найти пропорцию звучания голоса и гитары – задача обоих исполнителей.

Утро туманное

Слова И. Тургенева

Музыка А. Абаза

Утро туманное, утро седое,
Нивы печальные, снегом покрытые...
Нехотя вспомнишь и время былое,
Вспомнишь и лица давно позабытые.

Вспомнишь обильные, страстные встречи,
Взгляды, так робко и нежно ловимые.
Первая встреча, последняя встреча,
Тихого голоса звуки любимые.

Вспомнишь разлуку с улыбкою странной,
Многое вспомнишь родное, далёкое,
Слушая ропот колёс непрестанный,
Глядя задумчиво в небо широкое.

При работе над выше предлагаемым романсом А. Абаза **Утро туманное** вначале необходимо выучить мелодию и текст, а затем разучить сопровождение. Обратите внимание на расположение слогов текста над нотами партии голоса и аккомпанемента. Ритм мелодии и игра аккомпанемента должны быть синхронными. Разучивая мелодию, постоянно проверяйте чистоту интонирования на гитаре, играя мелодию голоса.

Романс **Утро туманное** написан в тональности *ля минор*. Первые четыре такта — это вступление к романсу.

ИЛЛЮСТРАЦИИ ВЫБОРА ФАКТУРЫ АККОМПАНЕМЕНТА К ПЕСНЯМ

Аккомпанемент оказывает гармоническую и ритмическую поддержку солирующему голосу.

Выбор фактуры аккомпанемента зависит от эпохи, музыкального жанра, стиля и тактового размера.

При аккомпанементе сопровождение песен исполняется аккордами и различными видами гармонических фигураций (арпеджио) – это последовательное перемещение по звукам, входящим в состав аккорда.

Нижний звук называется басом, который может исполняться отдельно от остальных голосов.

Помещённые ниже основные виды вариантов гармонических фигураций необходимо выучить наизусть. Играть их надо медленно, со счётом, не останавливаясь при смене аккордов.

Диаграмма аккордов в таблицах

E A D G B E
Ми Ля Ре Соль Си Ми

● – звуки, прижатые на ладах

●—● – исполнение баррэ

1 2 3 4 – обозначение пальцев для левой руки

○ – струна открытая

∅ – струна не играет

⑥⑤④③②① – № струн

E, A, B – обозначение аккордов

I, II, III, IV - № лада

Подборка аккомпанемента песен по слуху

Во всех мажорных и минорных тональностях на I, IV и V ступенях (тоника, субдоминанта и доминанта) строятся главные аккорды лада. Именно аккорды этих ступеней легче всего определить по слуху. Как главные аккорды лада, они звучат наиболее характерно.

$$T – S – D7 – T$$

I ступень (T) – тоническое трезвучие в мажоре
IV ступень (S) – субдоминантовое трезвучие
V ступень (D7) – доминантсептаккорд

В *ля миноре* это аккорды: Am – Dm – E7 – Am.
В *до мажоре* это аккорды: C – F – G7 – C.

Если вы хотите подобрать несложный аккомпанемент к знакомой мелодии, то сначала надо определить, в какой тональности написана мелодия этой песни. Для этого нужно петь мелодию, используя аккорды главных ступеней в тональности *до мажор*, если эта тональность не подходит, то тогда надо петь мелодию песни в тональности *ля минор*.

После определения тональности *ля минор*, необходимо вставить мелодию в одну из ниже указанных последовательностей в *ля миноре*, причём можно некоторые функции аккордов пропускать, а вставлять наиболее подходящие по гармонии. Такая система окажет вам помощь в подборе аккомпанемента песен по слуху.

Рекомендуется ниже указанные варианты последовательностей аккордов играть ежедневно и выучить их наизусть.

1. C – G7 – C
2. C – F – G7 – C
3. C – Am – Dm – G7 – C
4. C – D7 – G7 – C
5. C – Em – F – G7 – C
6. C – E7 – Am – Dm – G7 – C
7. C – G7 – F – G7 – C
8. C – G7 – C – D7 – C

1. Am – E7 – Am
2. Am – Dm – E7 – Am
3. Am – Dm – G7 – C – Am – Dm – E7 – Am
4. Am – C – G7 – E7 – Am
5. Am – B7 – Dm – E7 – Am
6. Am – A7 – Dm – E7 – Am
7. Am – Dm – G7 – C – E7 – Am
8. Am – F – G7 – C – F – Dm – E7 – Am

ТРЁХЗВУЧНЫЕ АККОРДЫ

По таблицам аккордов можно исполнять аккомпанемент-сопровождение как трёхзвучными, так и пяти- или шестизвучными аккордами.

При аккомпанементе песен трёхзвучными аккордами или гармоническими фигурациями надо запомнить, что солирующими являются:

①②③ струны, а сначала берётся бас в зависимости от названия аккорда.

Например, если исполняется аккорд **C** (до мажор), то вначале берётся бас **До**, это 3-й лад на ⑤ струне, а затем аккорд из звуков: ① струна открытая, ② струна прижата на 1-м ладу и ③ струна открытая.

Если струны извлекаются открытыми, то они обозначены незатушёванными кружками, если звуки на струнах надо прижимать, то они обозначены затушёванными кружками.

Часто в сборниках песен бас извлекается не как основная нота, от которой построен аккорд, тогда он пишется под чертой.

Например: **Am** здесь исполняется аккорд **Am** - ля минор, а в басу извлекается нота **E** – ми
E

⑥ открытая струна.

При аккомпанементе песен пяти- или шестизвучными аккордами извлекаются все звуки, начиная с ⑤ или ⑥ струны по направлению к первой, или наоборот – от① струны к ⑥.

ПЯТИ- И ШЕСТИЗВУЧНЫЕ АККОРДЫ

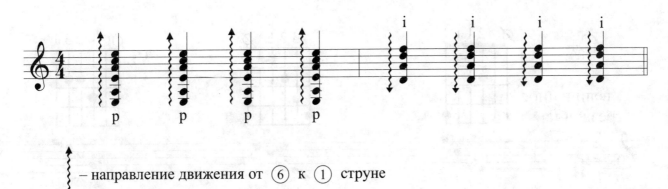

– направление движения от ⑥ к ① струне

p – исполняется большим пальцем правой руки

В различных изданиях могут встречаться разные варианты написания одних и тех же аккордов. Мы приводим наиболее популярные из них. Особо обращаем ваше внимание на написание аккордов от звуков **Си** и **Си**♭. Звуку **Си** будет соответствовать обозначение **B**, звуку **Си**♭ – соответственно **B**♭.

Аккорды, построенные от ноты До (C)

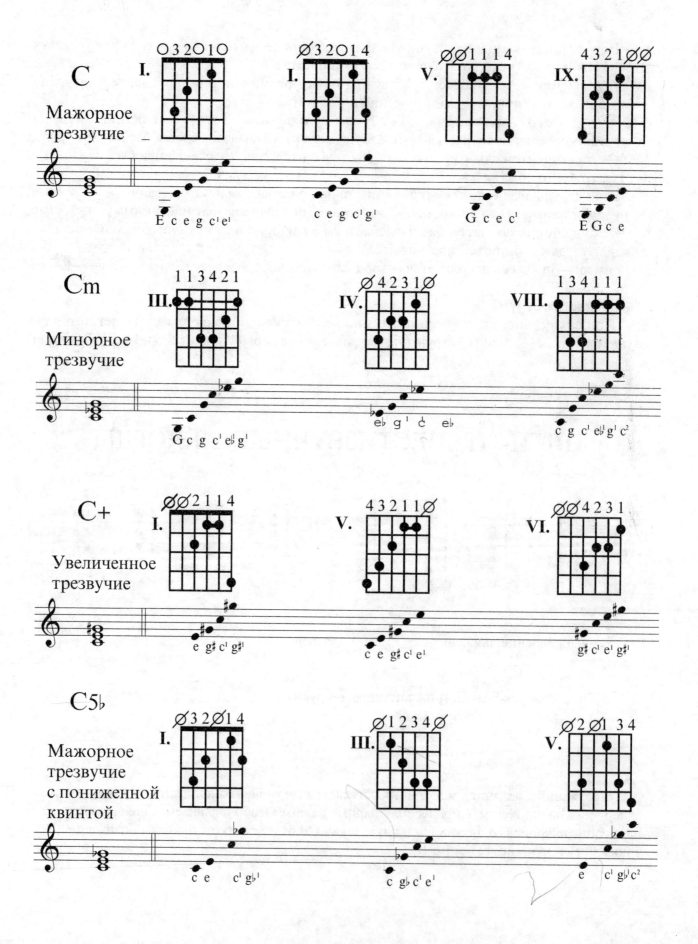

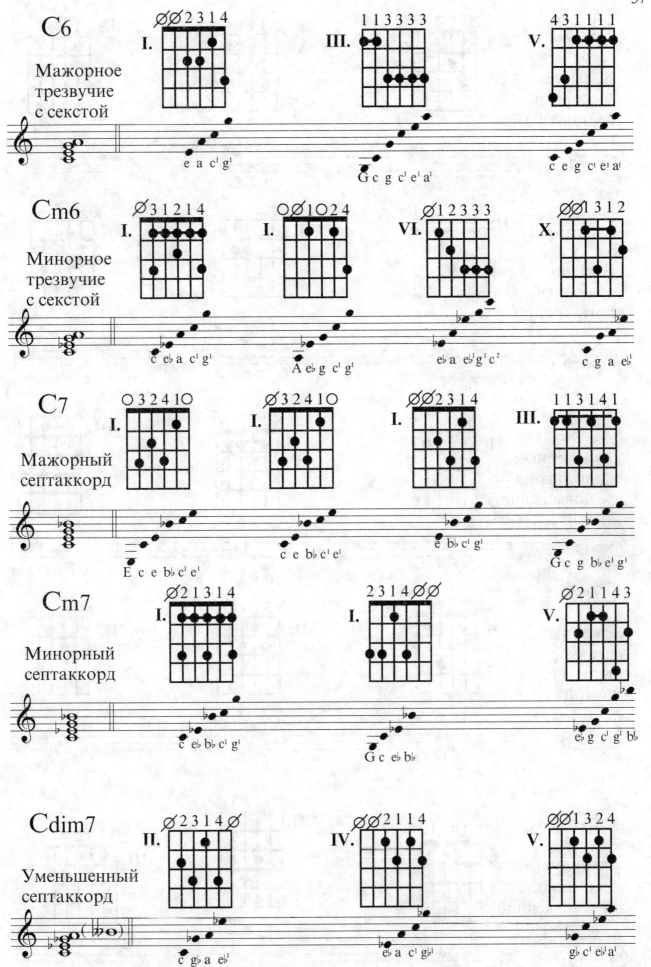

C6
Мажорное трезвучие с секстой

Cm6
Минорное трезвучие с секстой

C7
Мажорный септаккорд

Cm7
Минорный септаккорд

Cdim7
Уменьшенный септаккорд

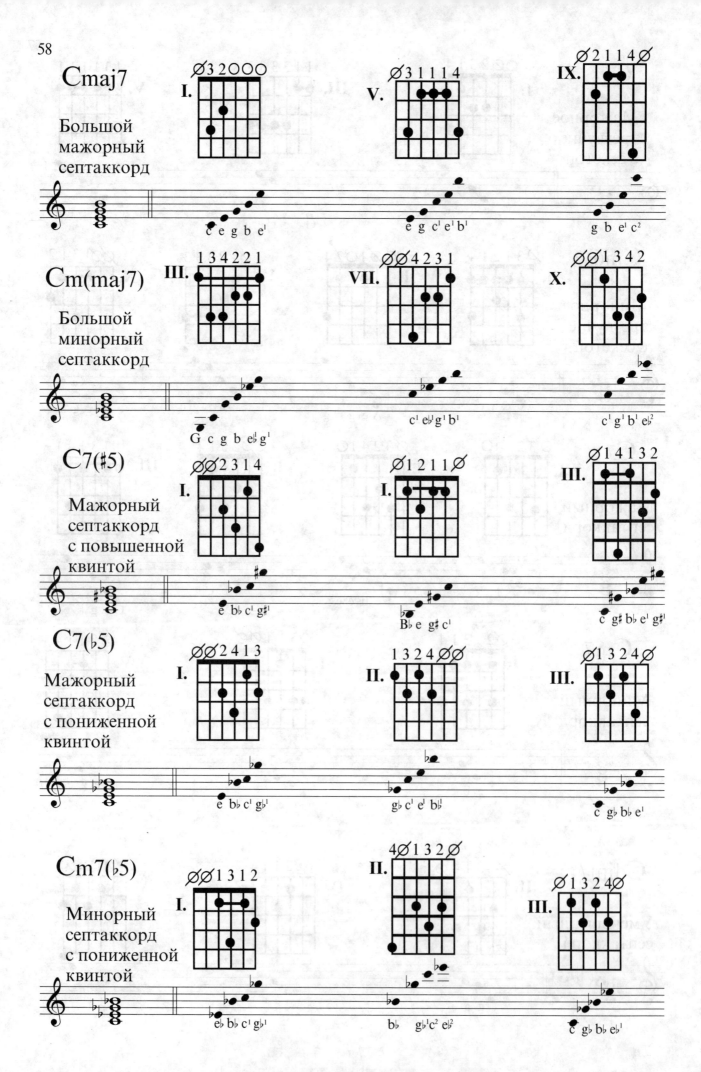

Cmaj7

Большой
мажорный
септаккорд

Cm(maj7)

Большой
минорный
септаккорд

C7(♯5)

Мажорный
септаккорд
с повышенной
квинтой

C7(♭5)

Мажорный
септаккорд
с пониженной
квинтой

Cm7(♭5)

Минорный
септаккорд
с пониженной
квинтой

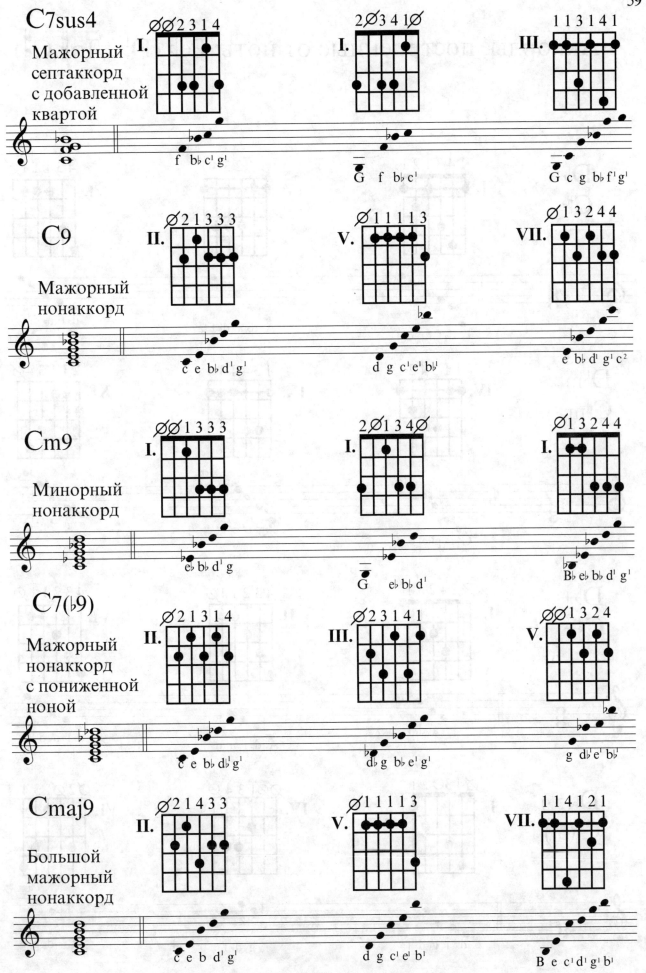

Аккорды, построенные от ноты Ре♭ (D♭, До#, C#)

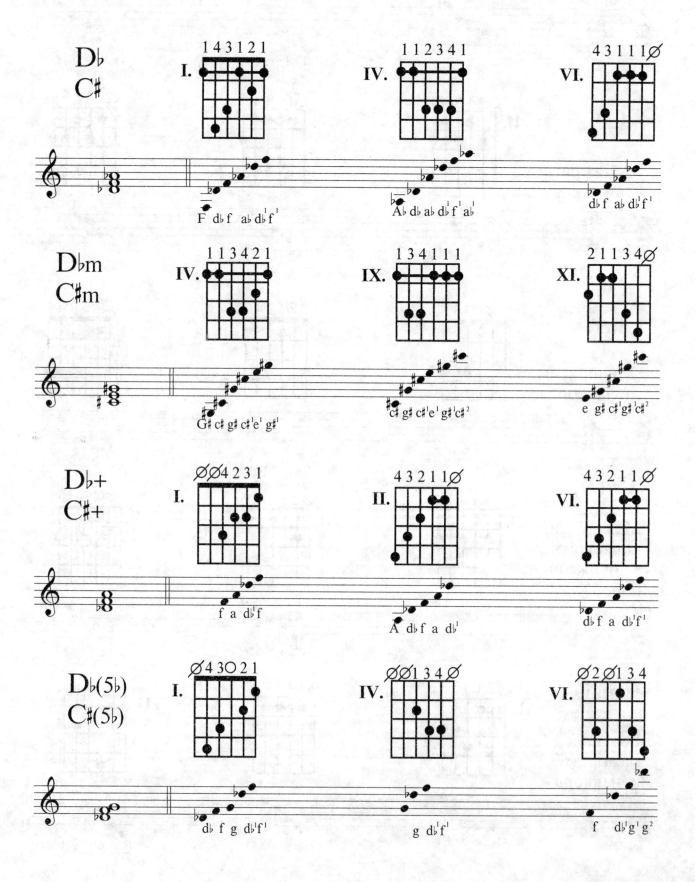

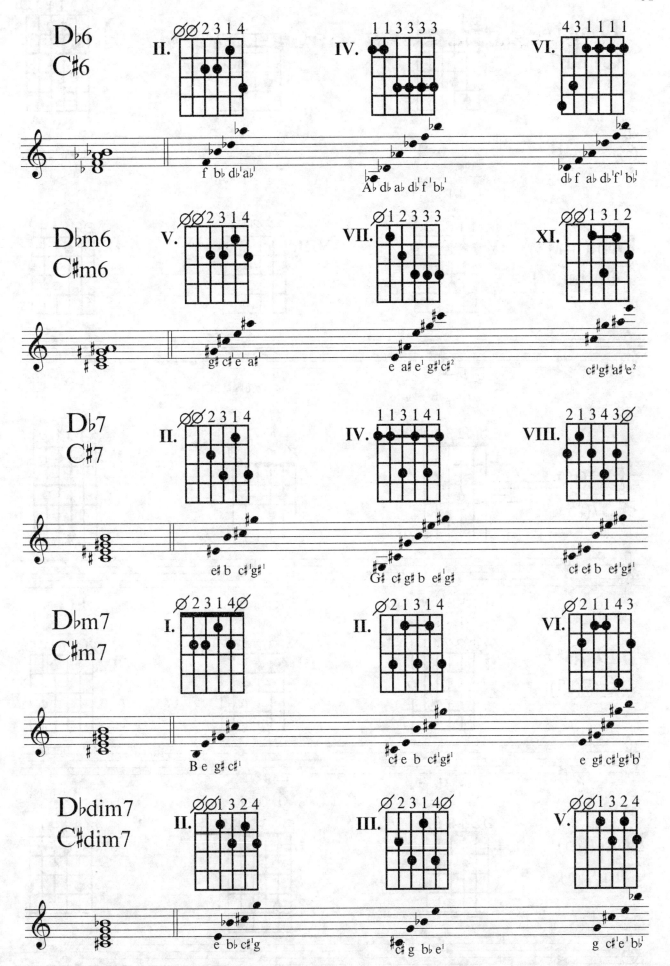

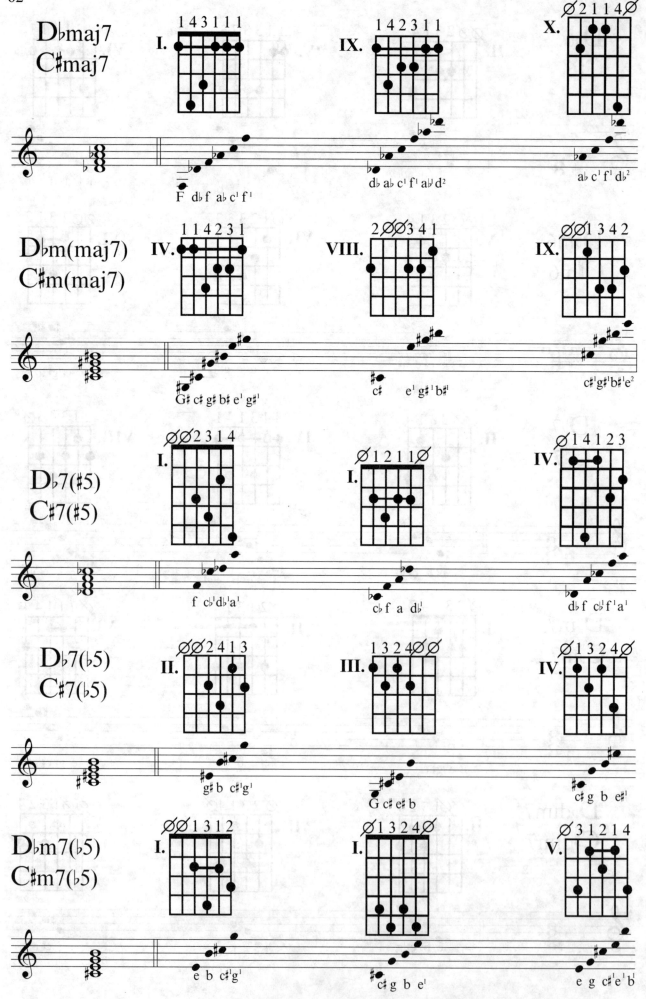

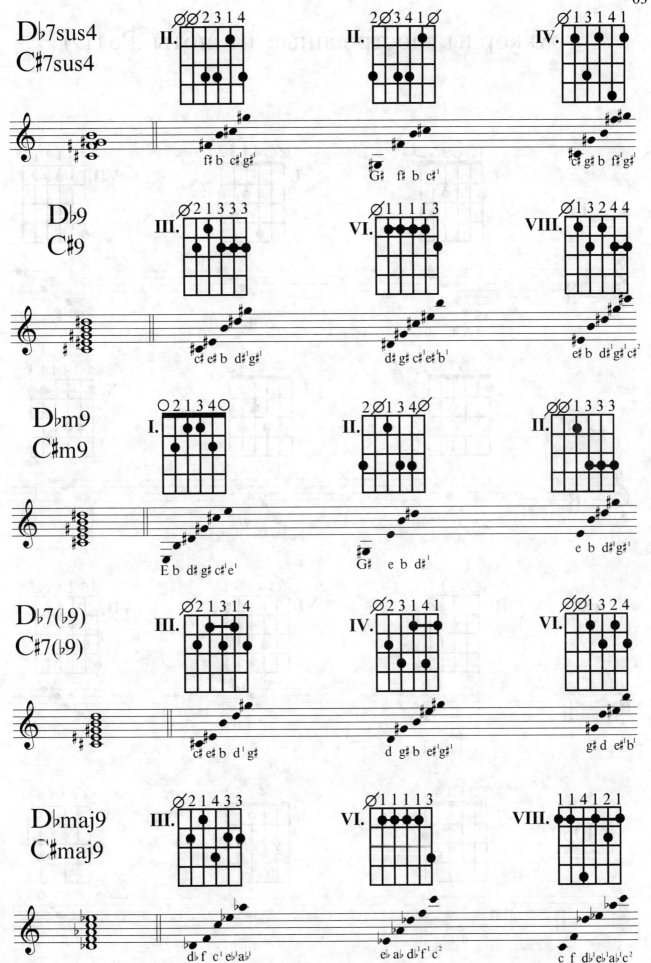

64

Аккорды, построенные от ноты Ре (D)

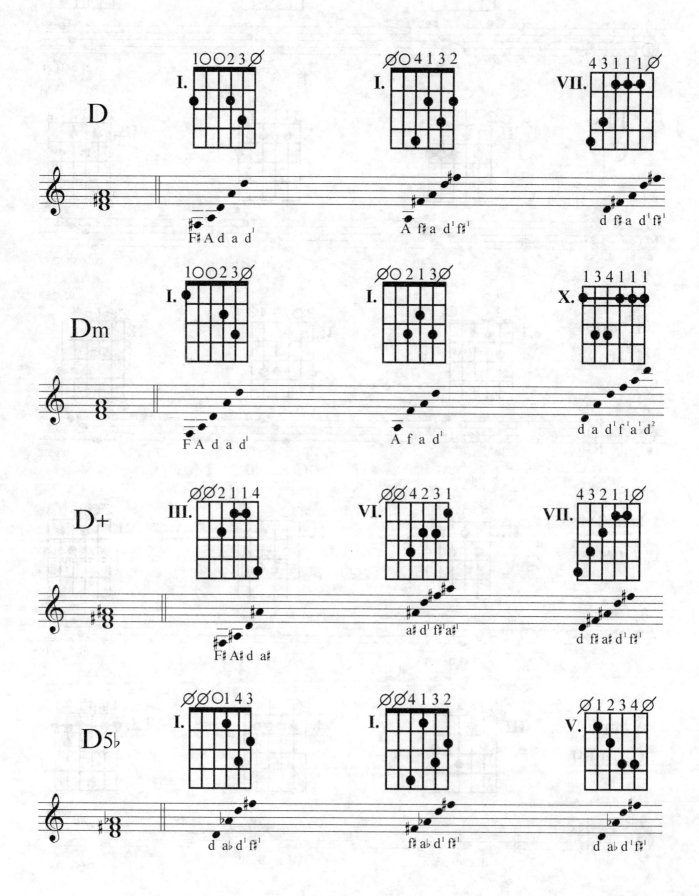

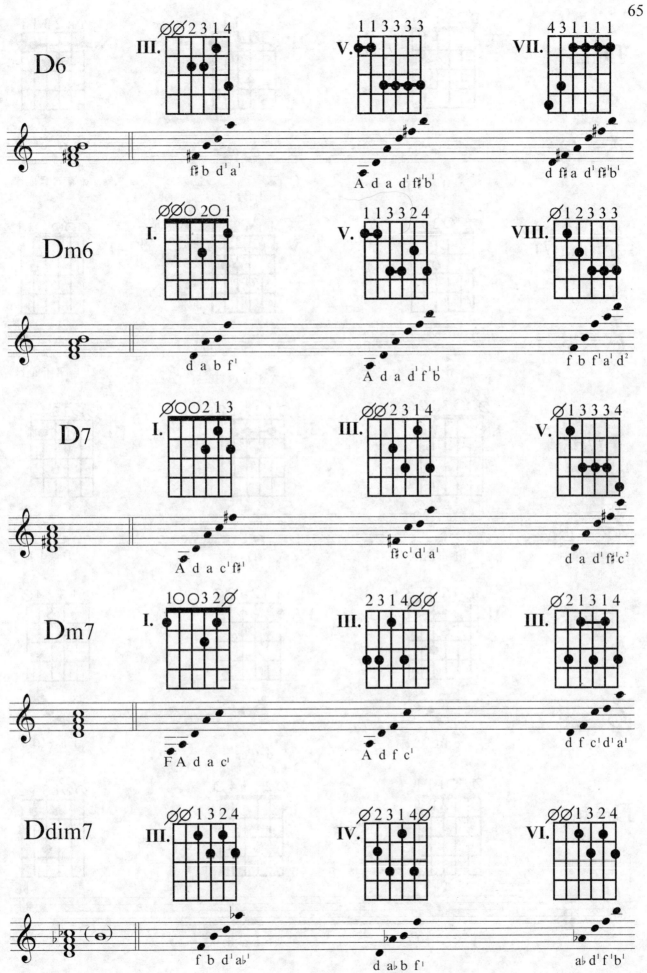

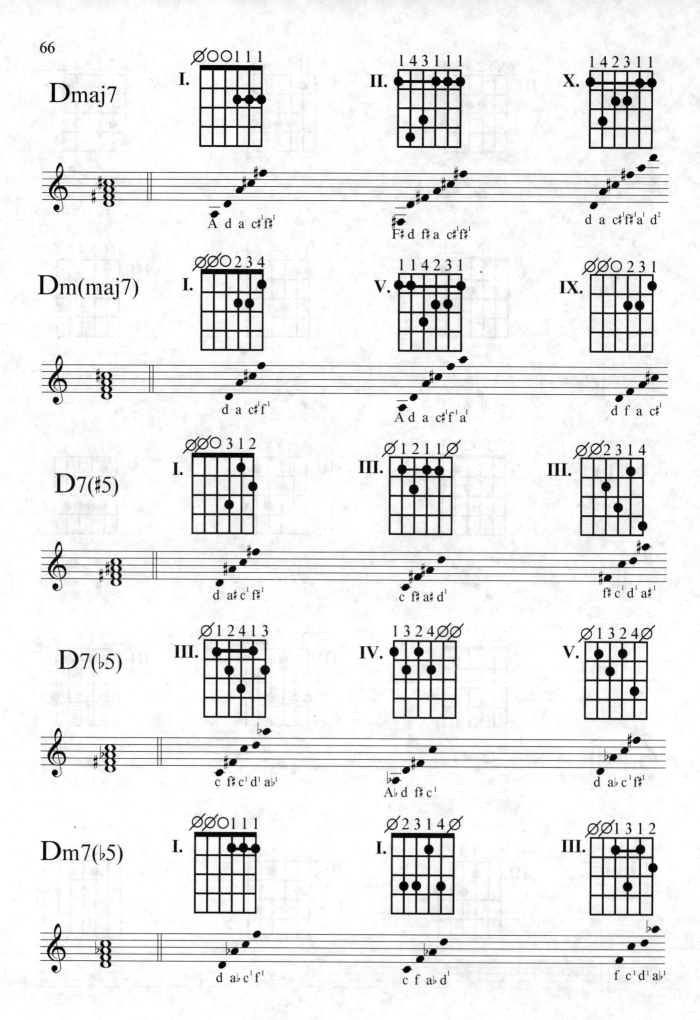

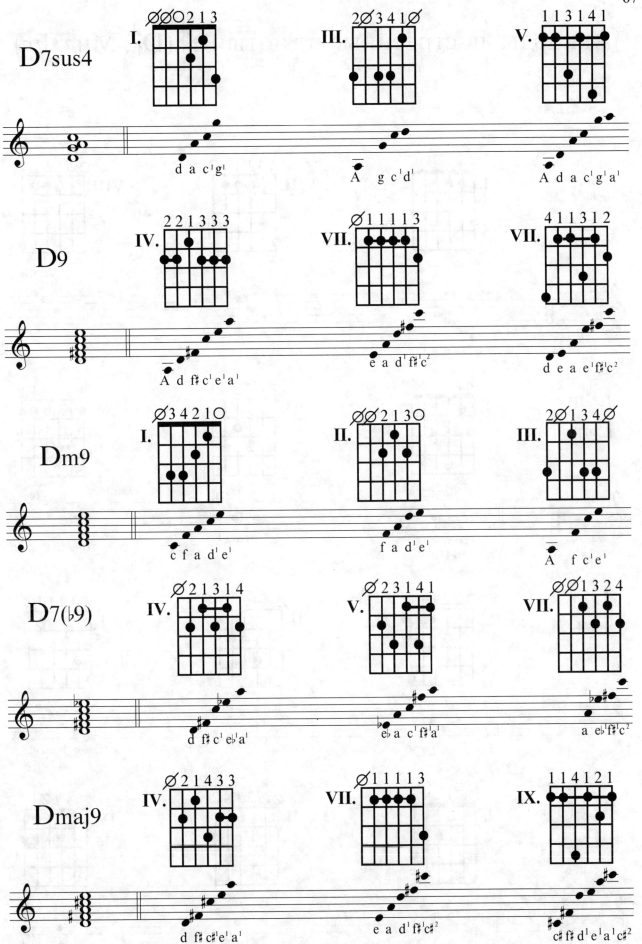

Аккорды, построенные от ноты Ре♯ (D♯, Ми♭, E♭)

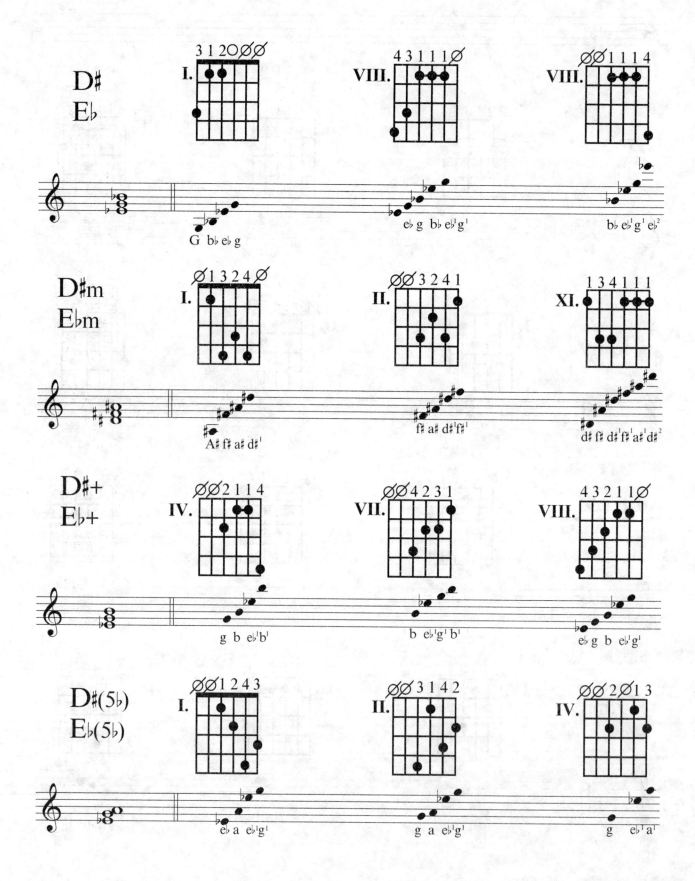

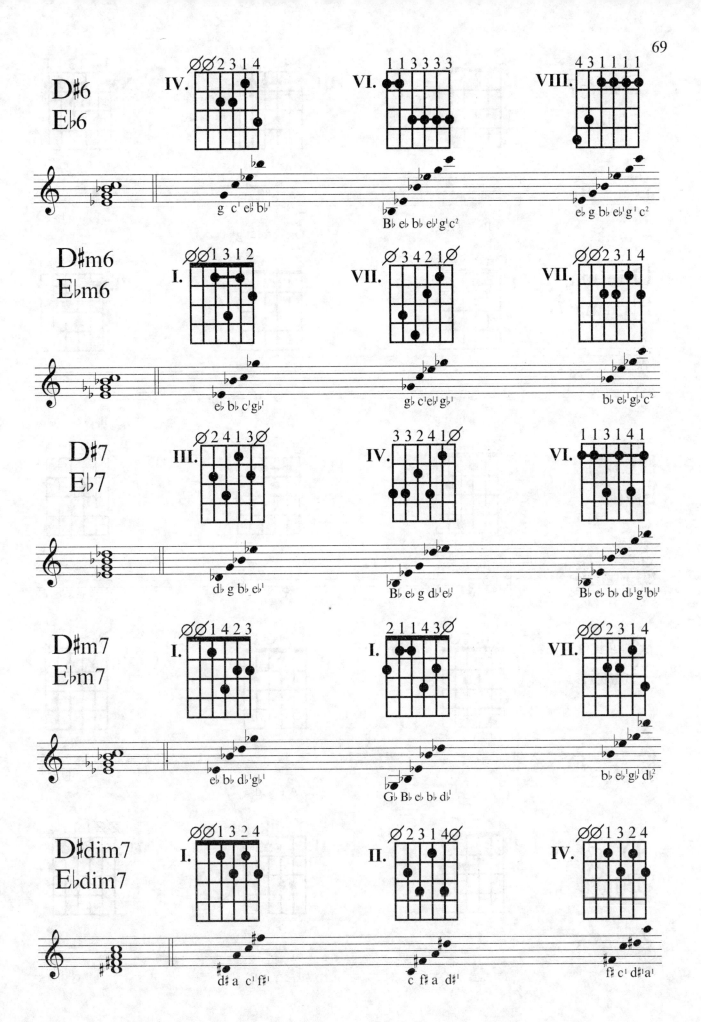

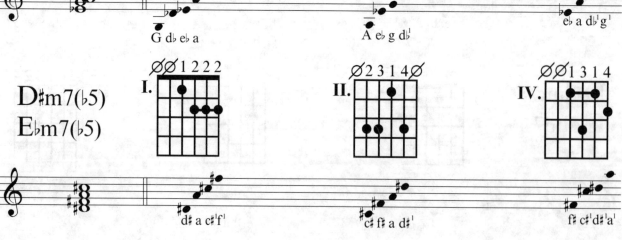

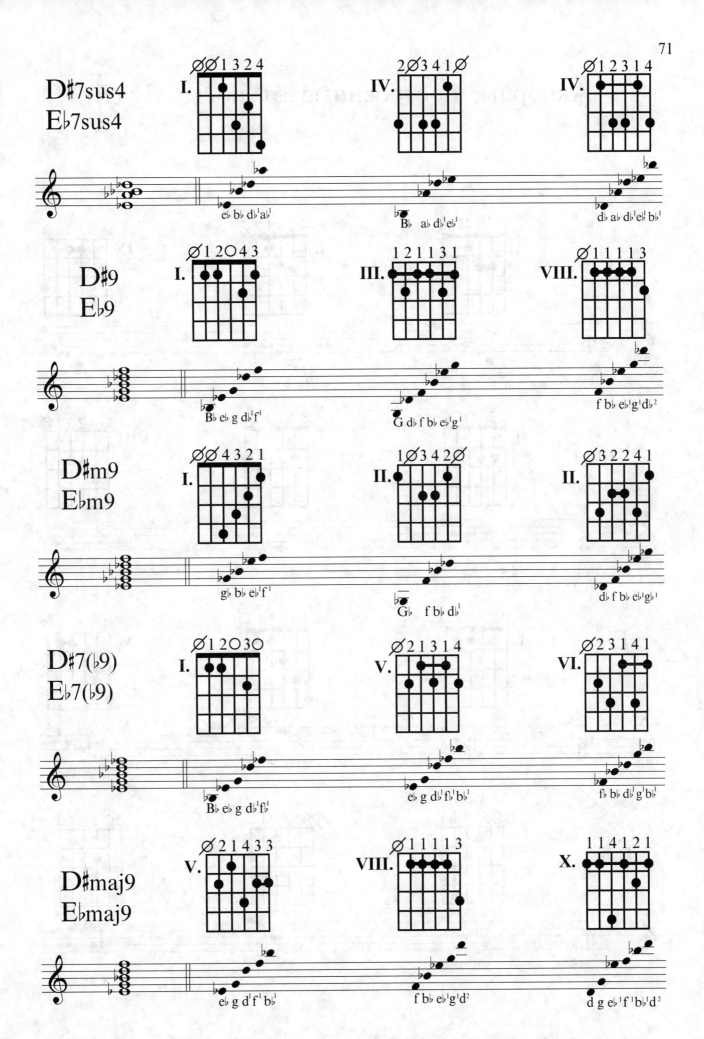

Аккорды, построенные от ноты Ми (E)

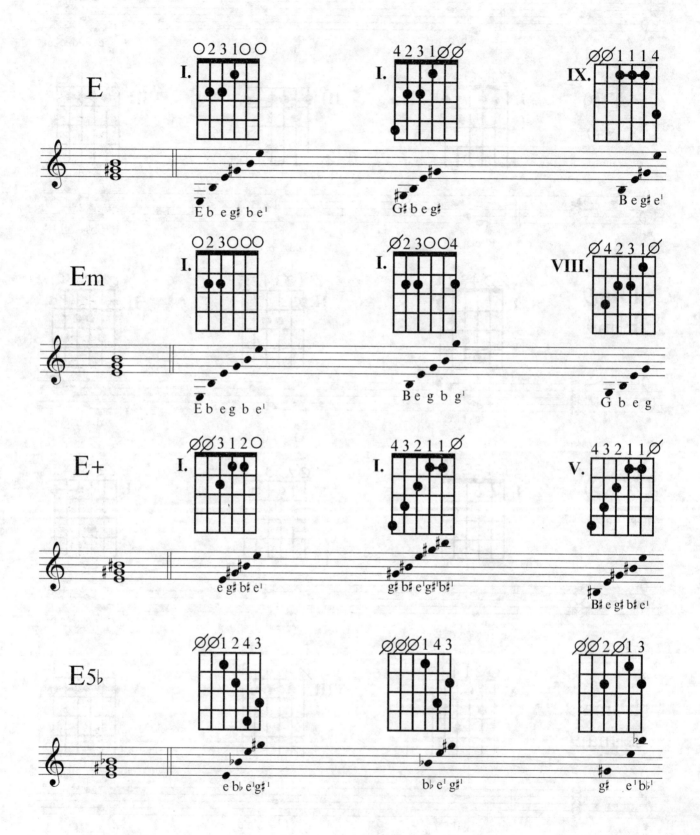

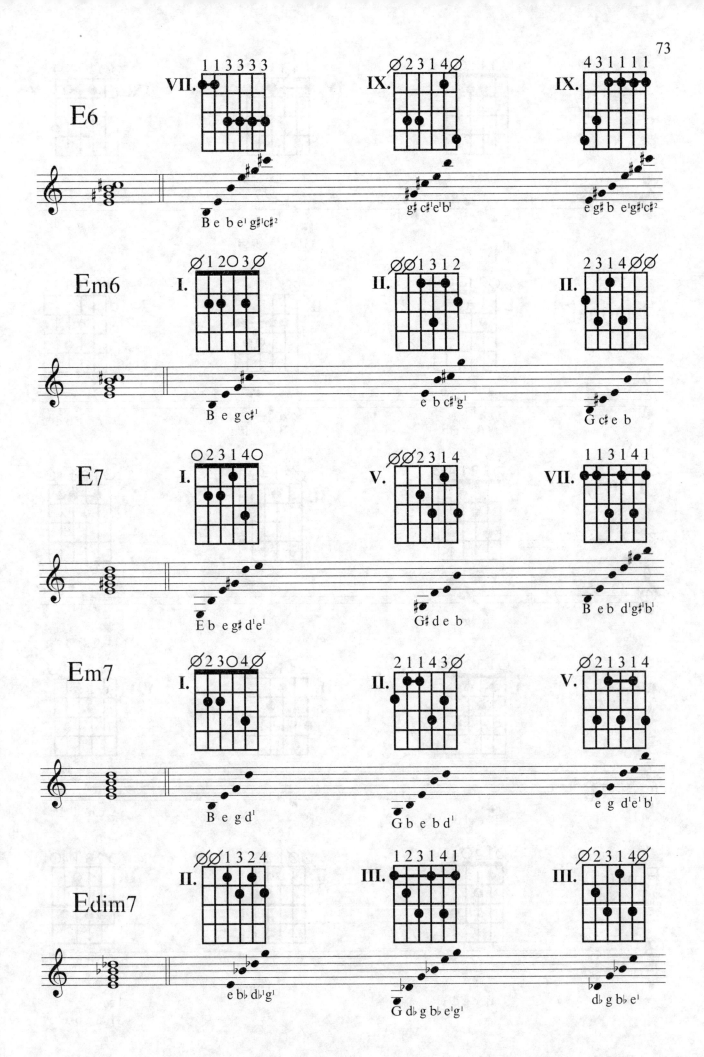

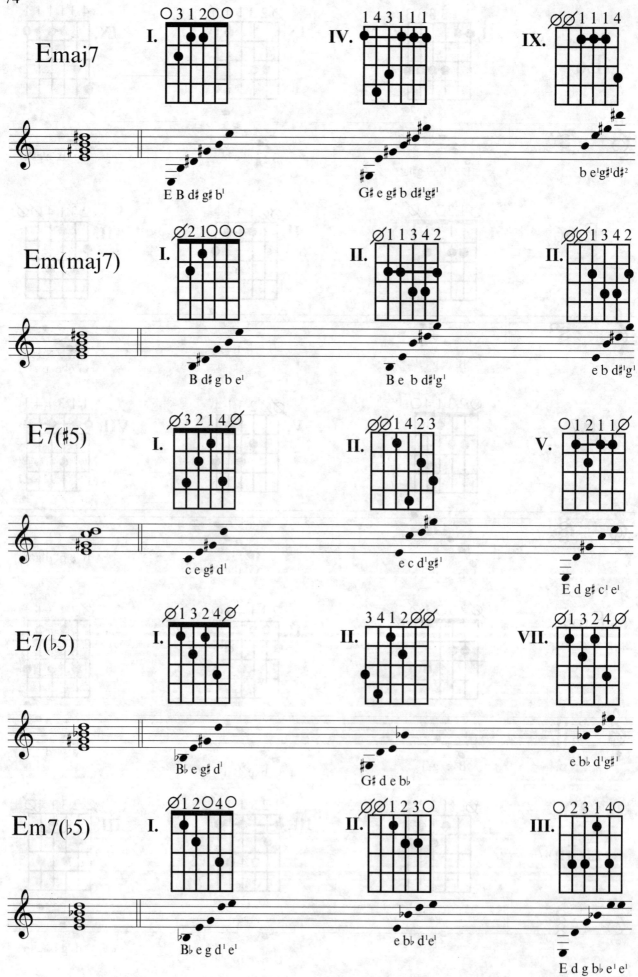

74

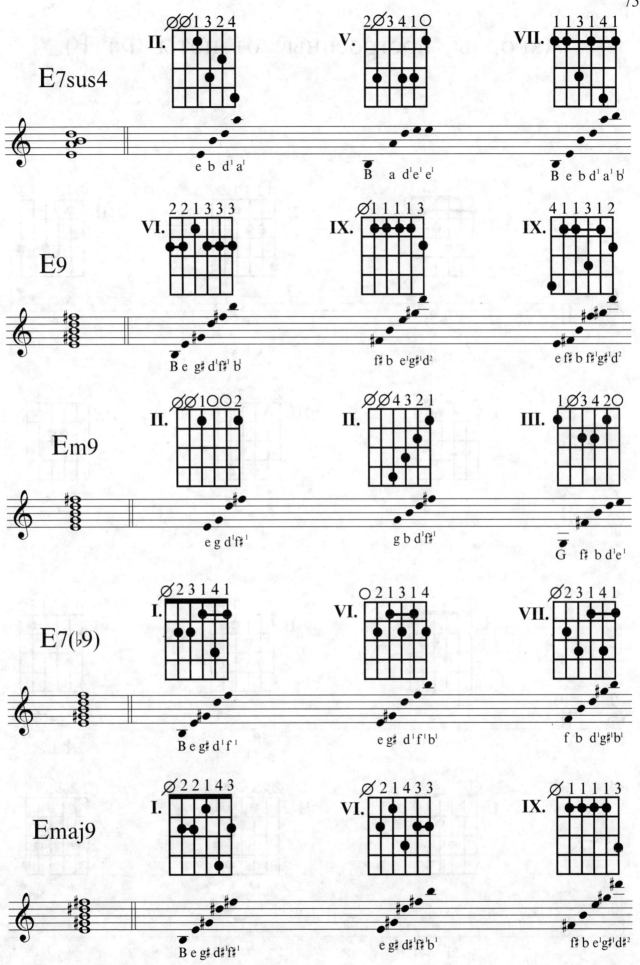

Аккорды, построенные от ноты Фа (F)

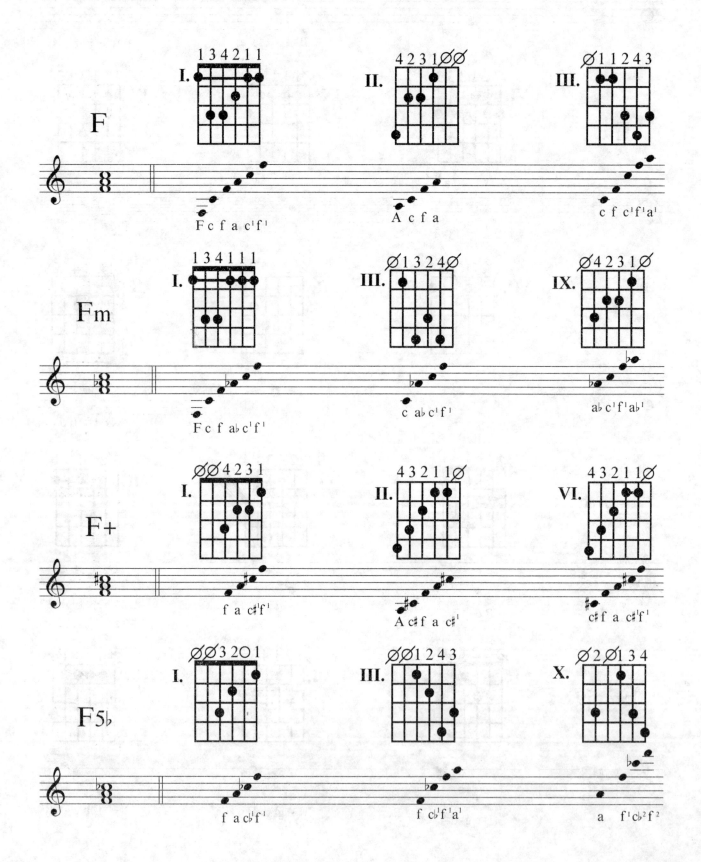

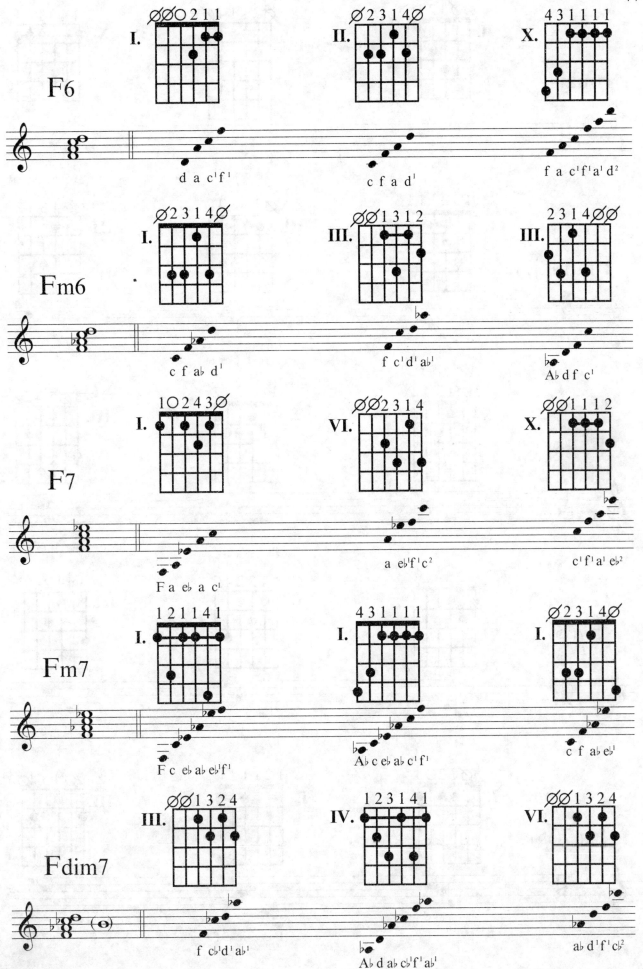

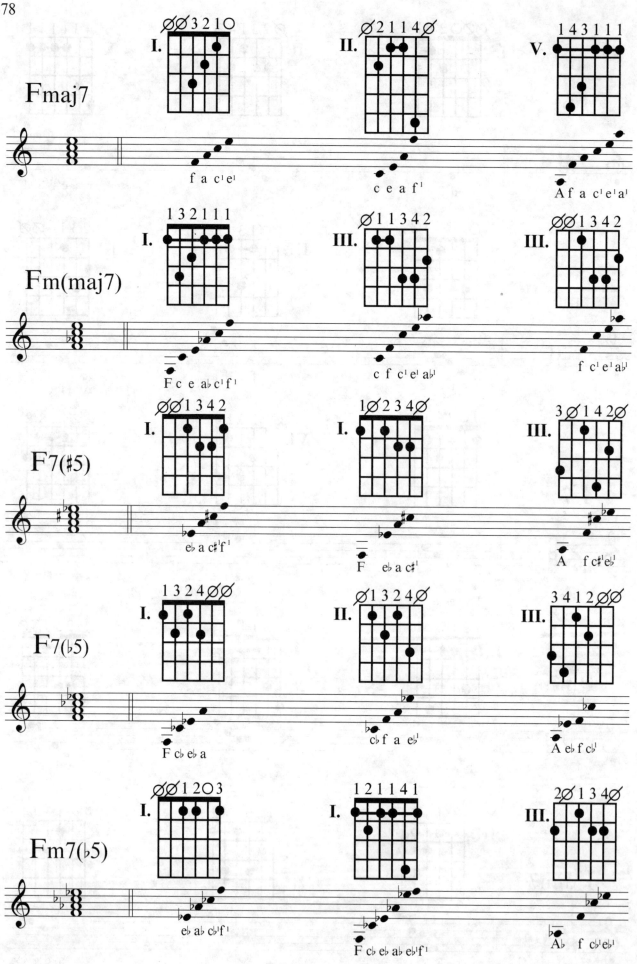

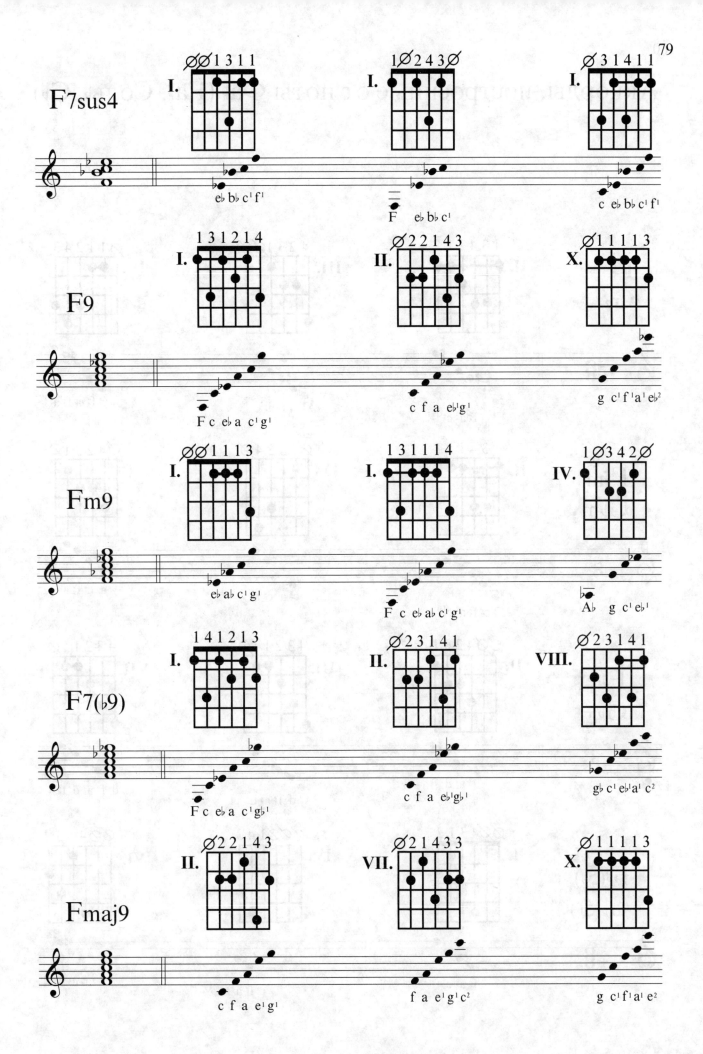

Аккорды, построенные от ноты Фа♯ (Fa♯, Соль♭, G♭)

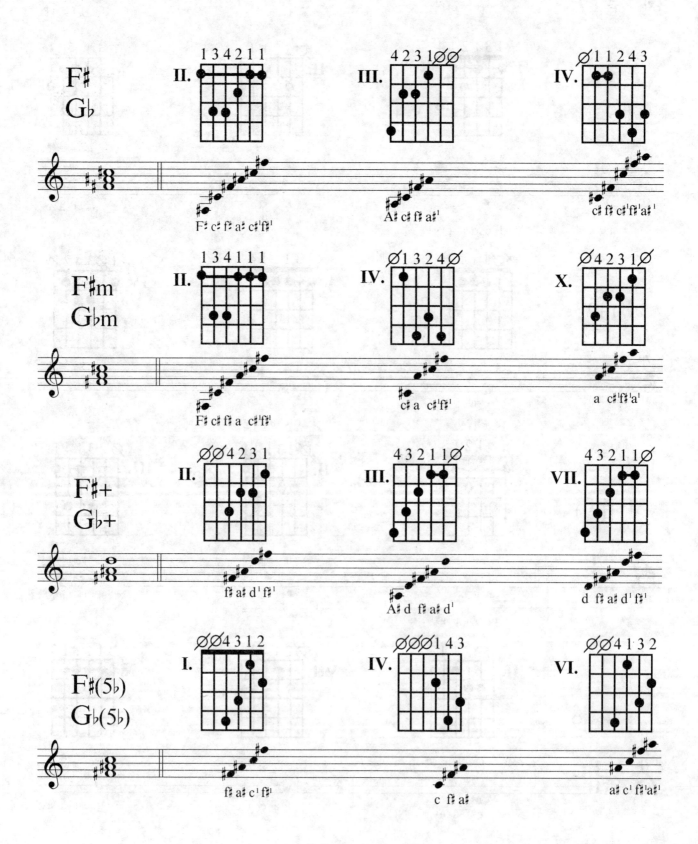

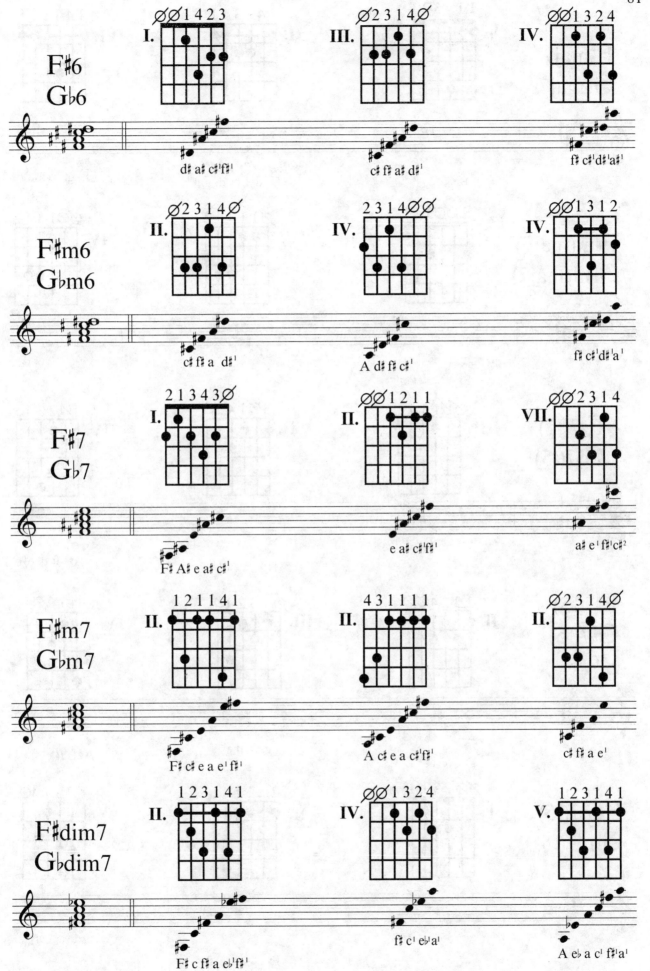

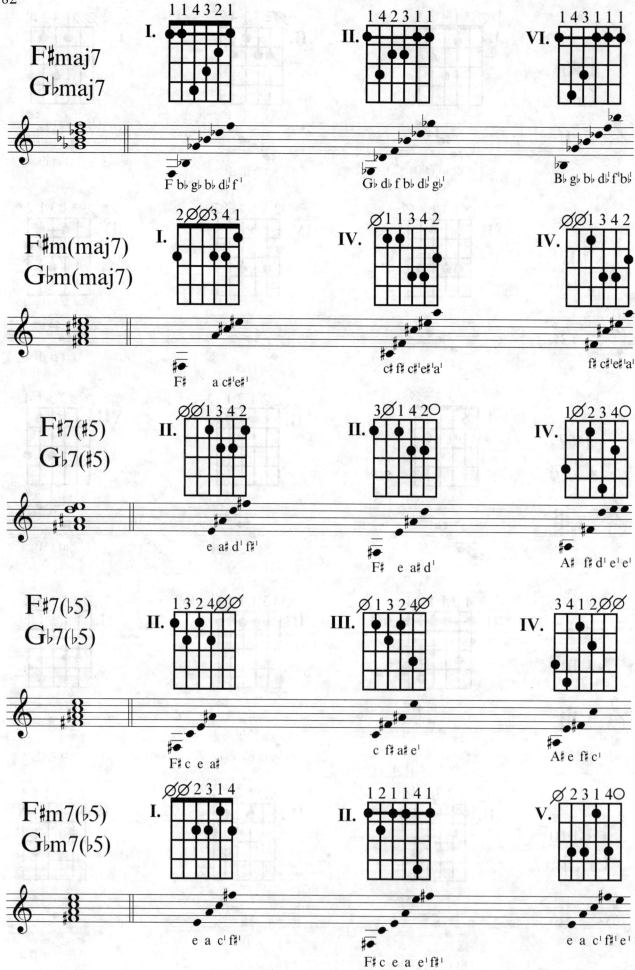

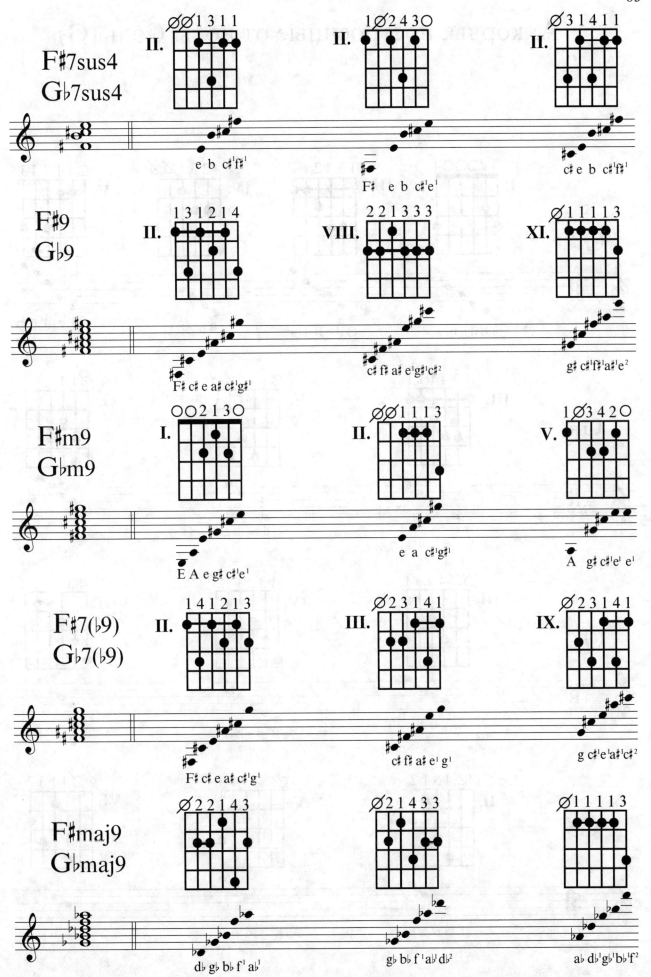

Аккорды, построенные от ноты Соль (G)

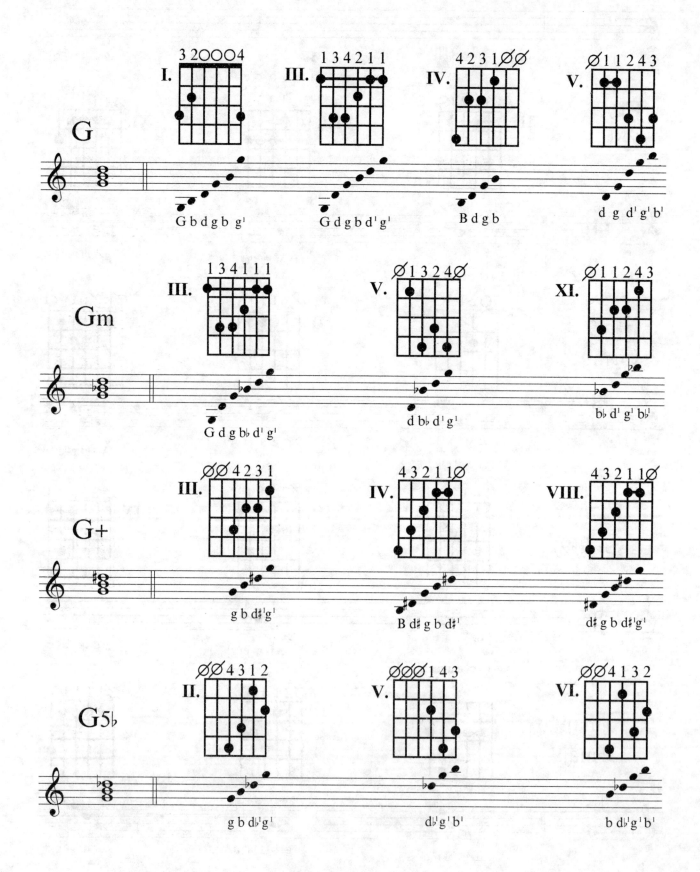

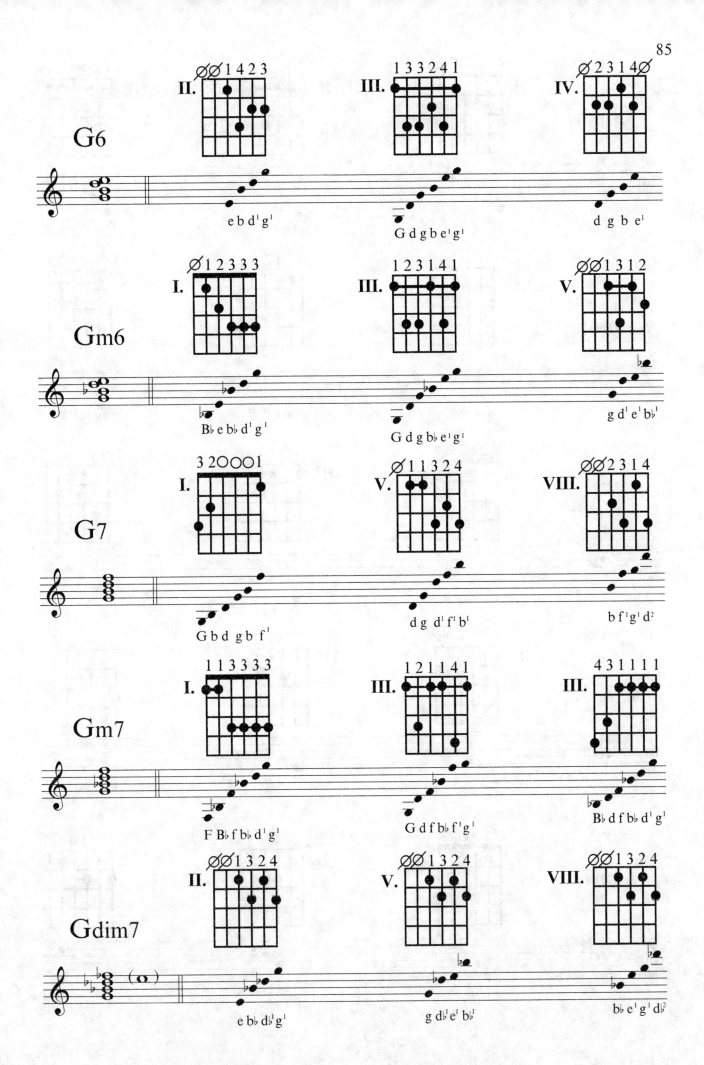

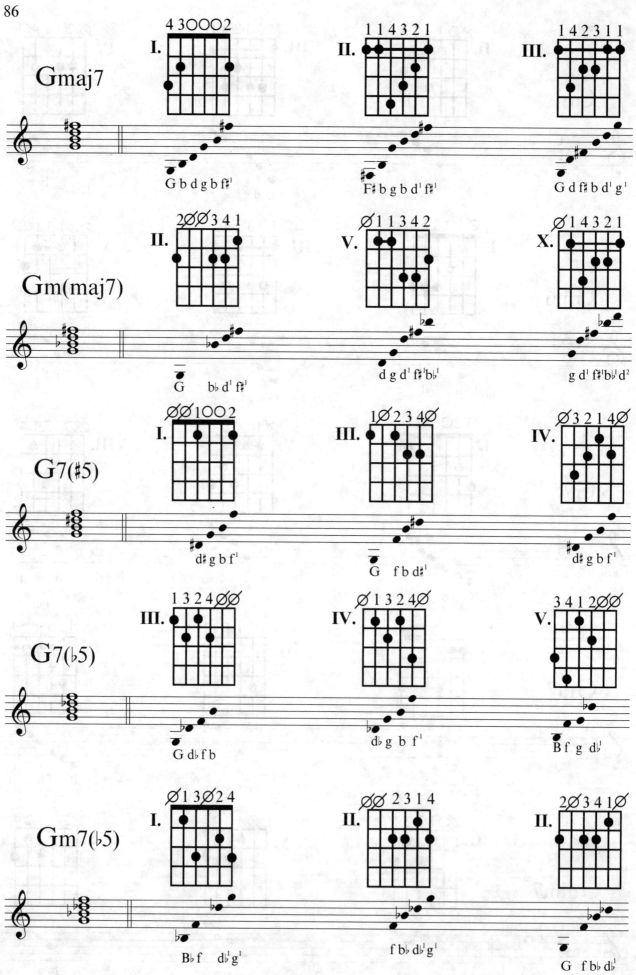

87

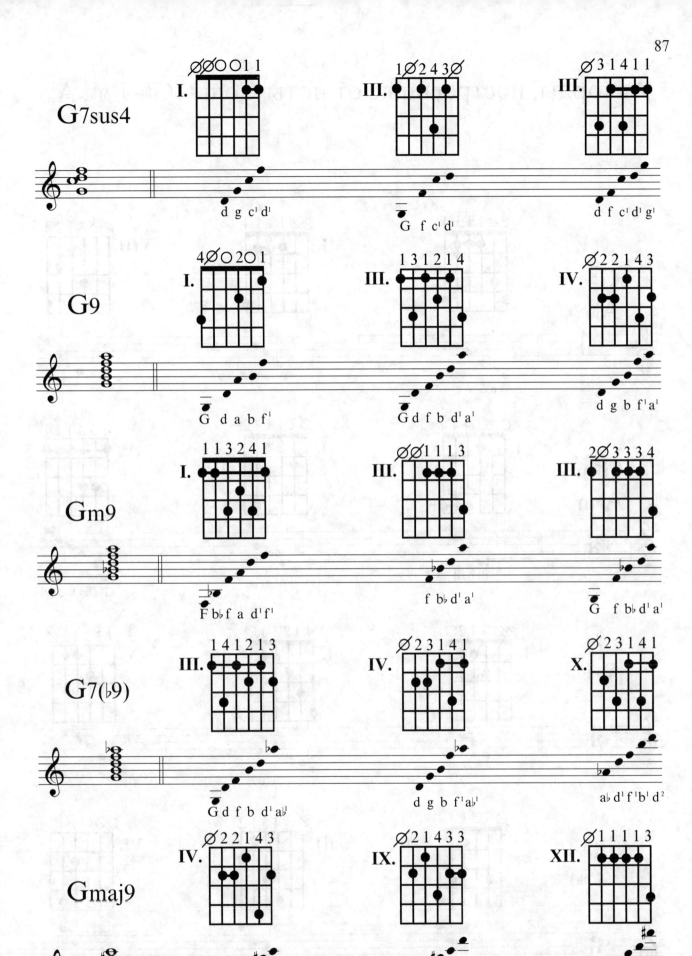

Аккорды, построенные от ноты Соль♯ (G♯, Ля♭, A♭)

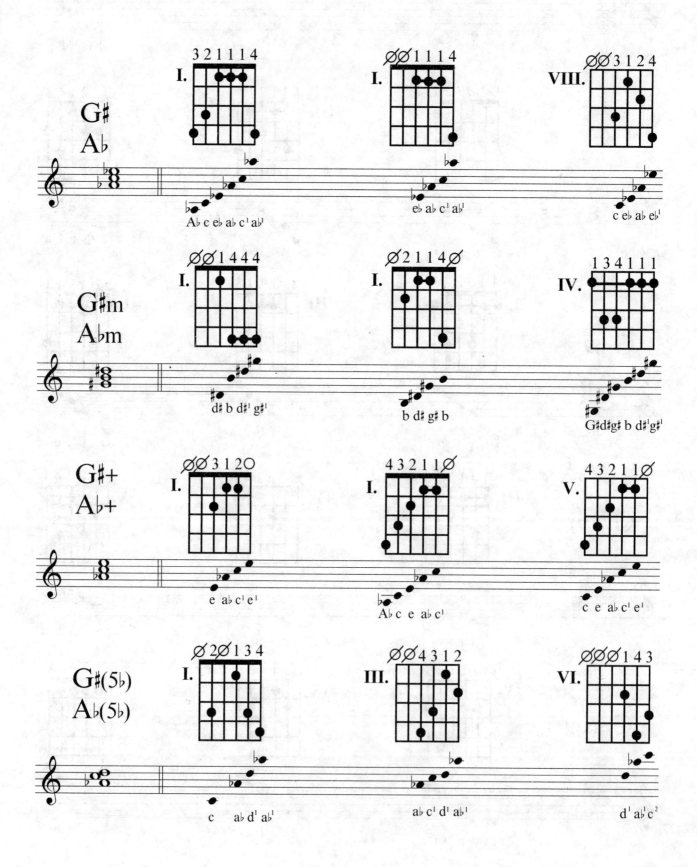

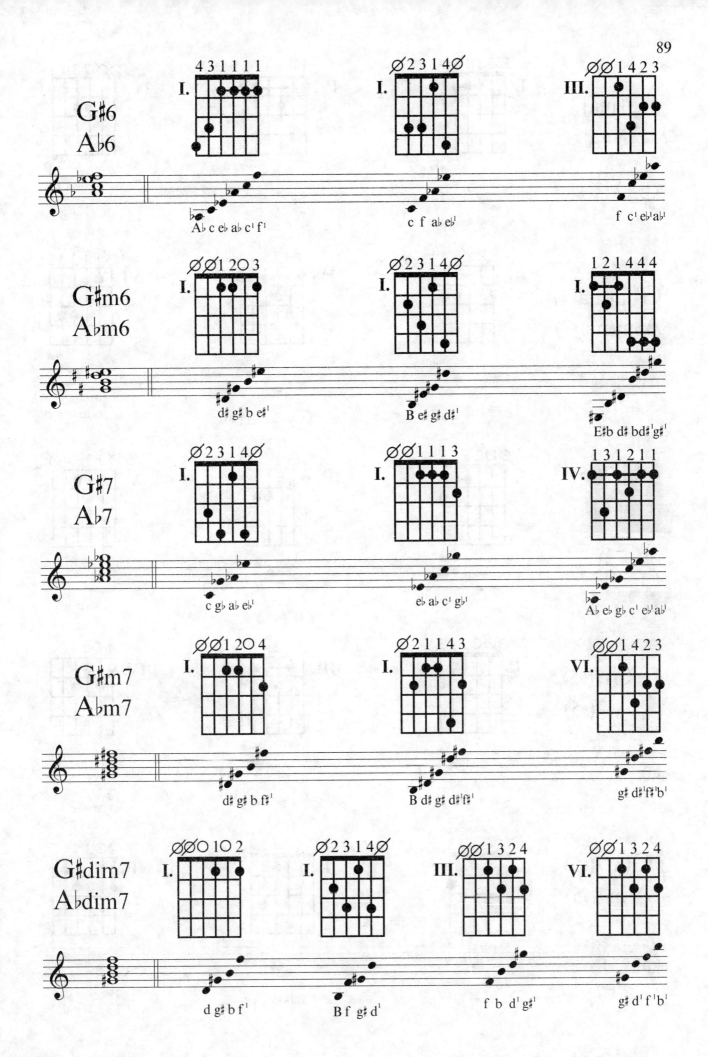

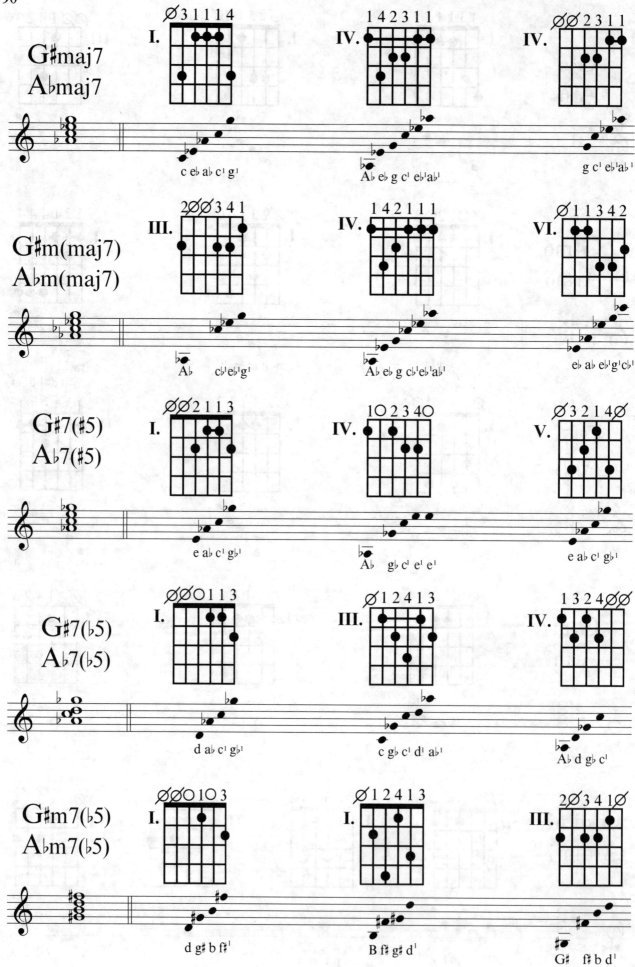

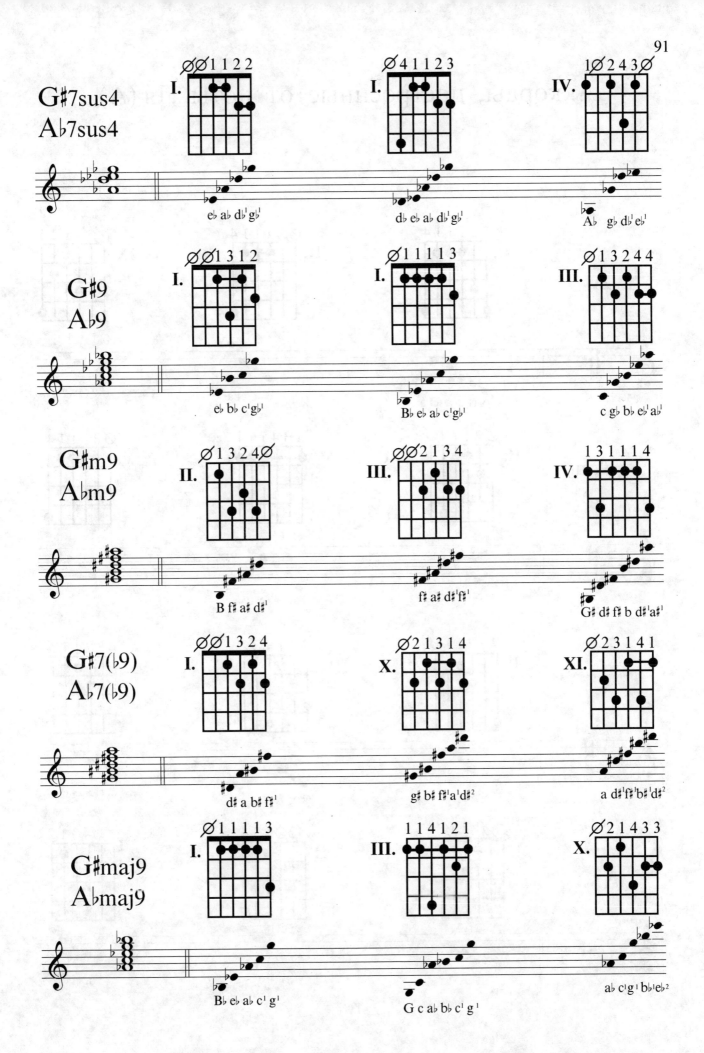

Аккорды, построенные от ноты Ля (А)

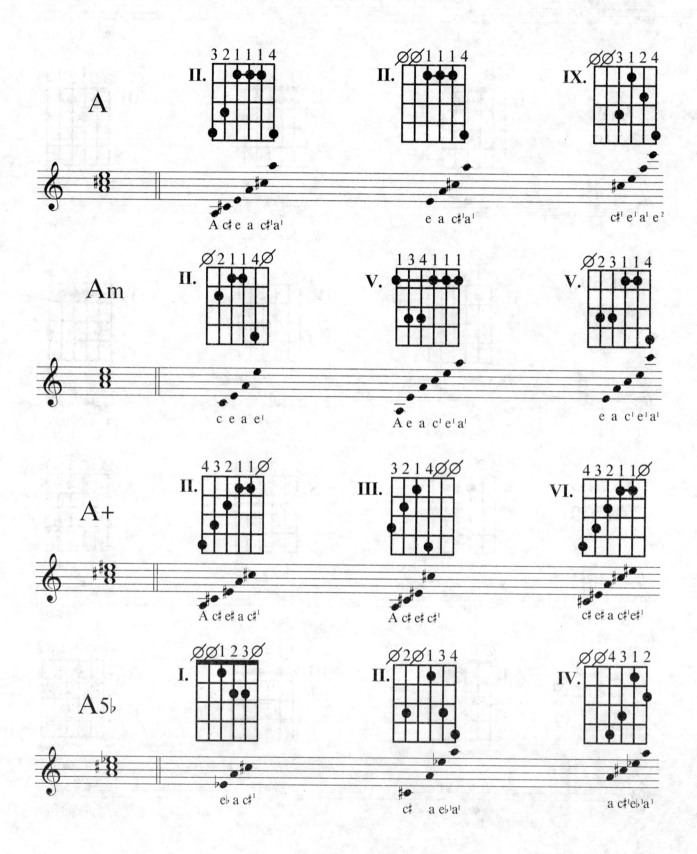

93

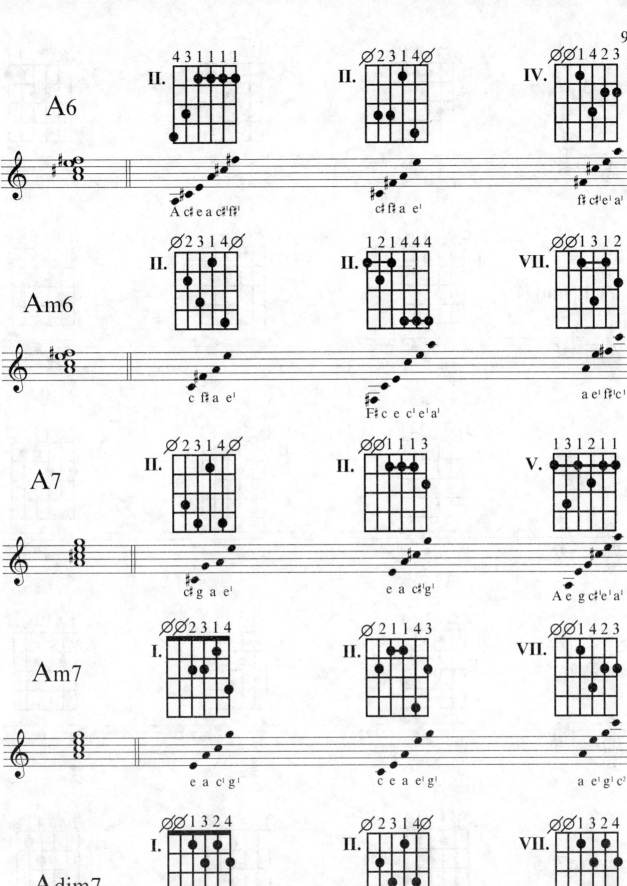

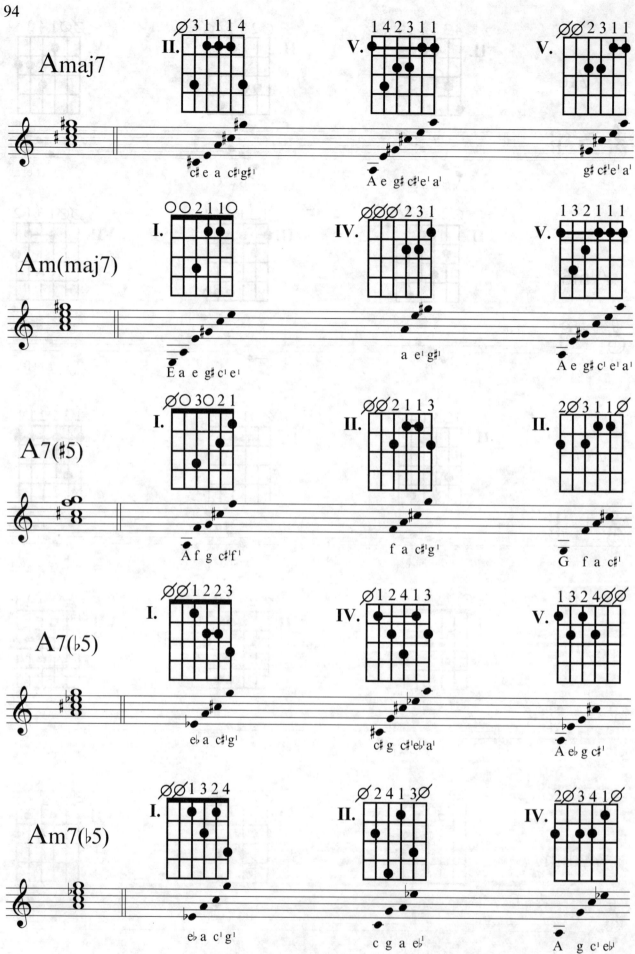

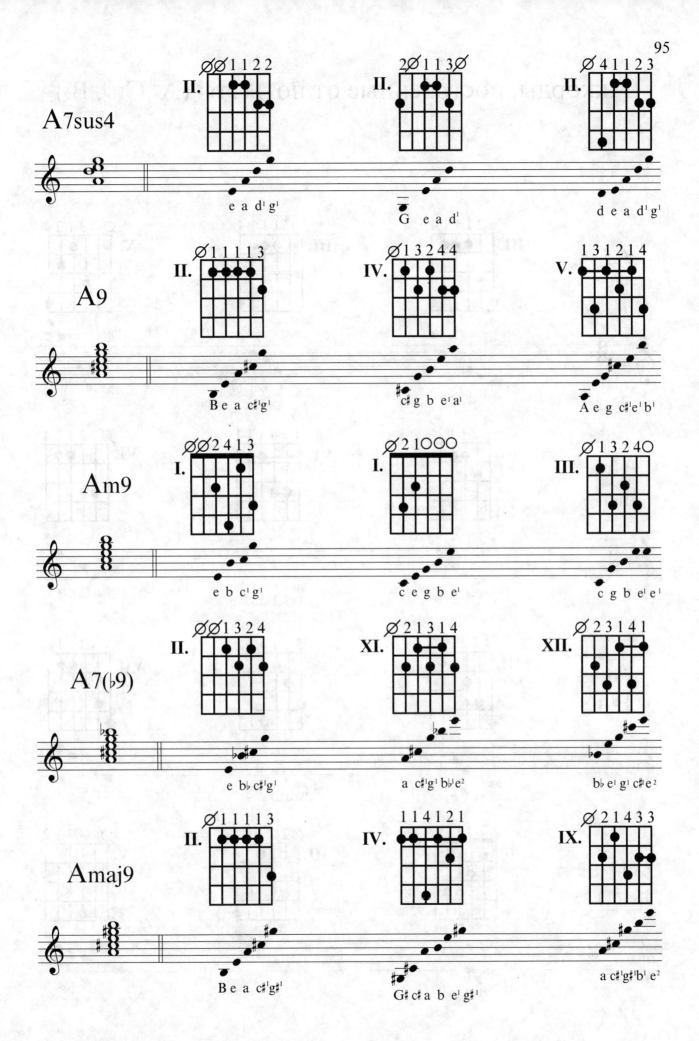

Аккорды, построенные от ноты Ля♯ (А♯,Си♭, В♭)

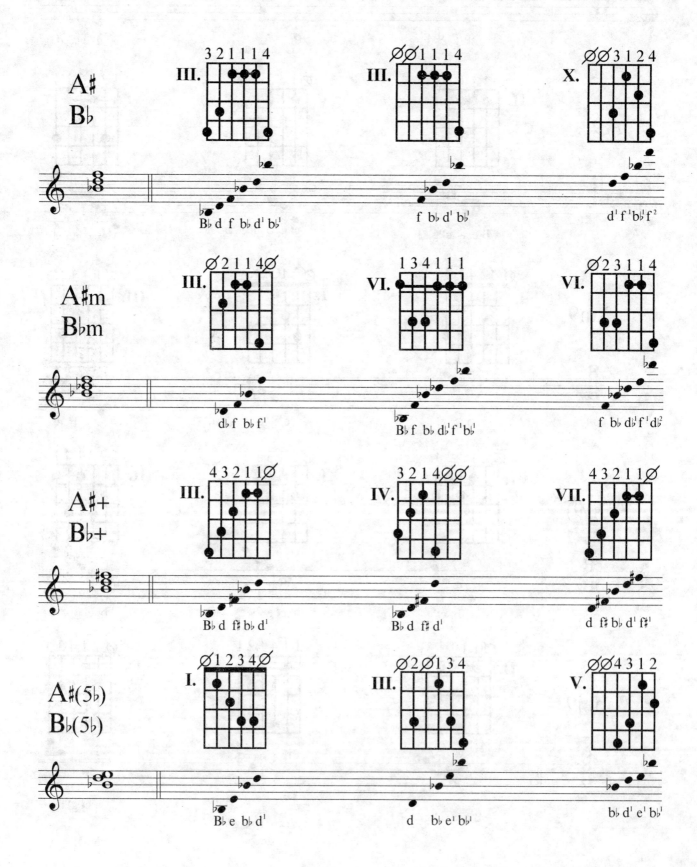

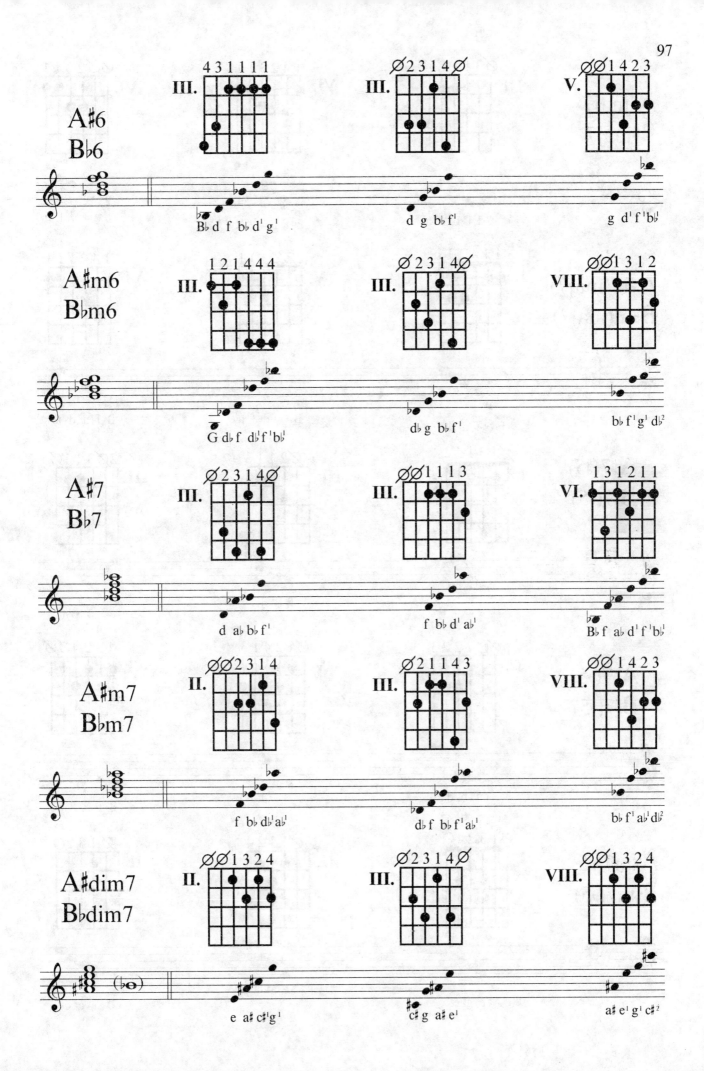

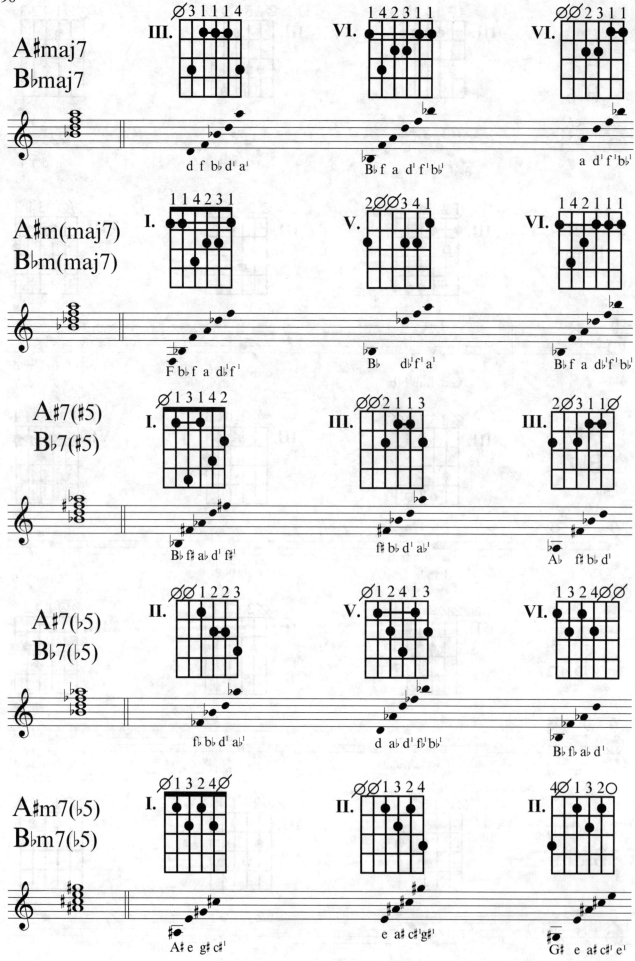

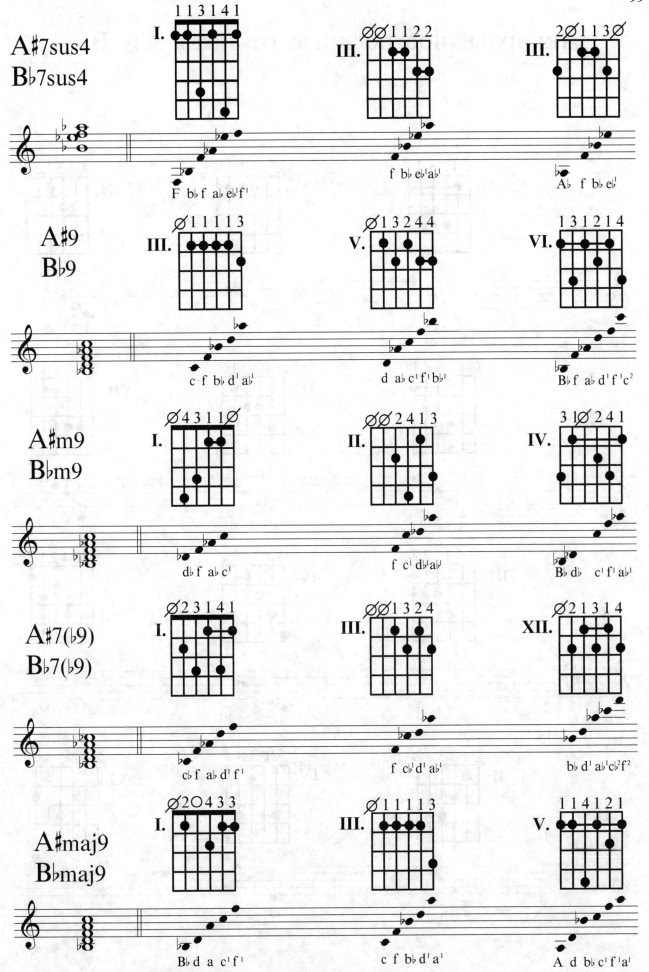

Аккорды, построенные от ноты Си (В)

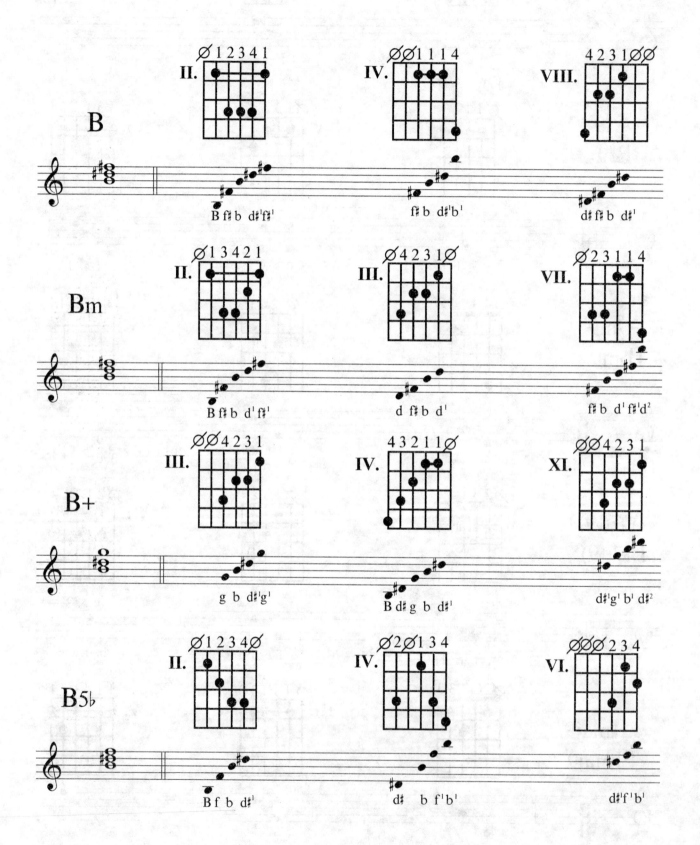

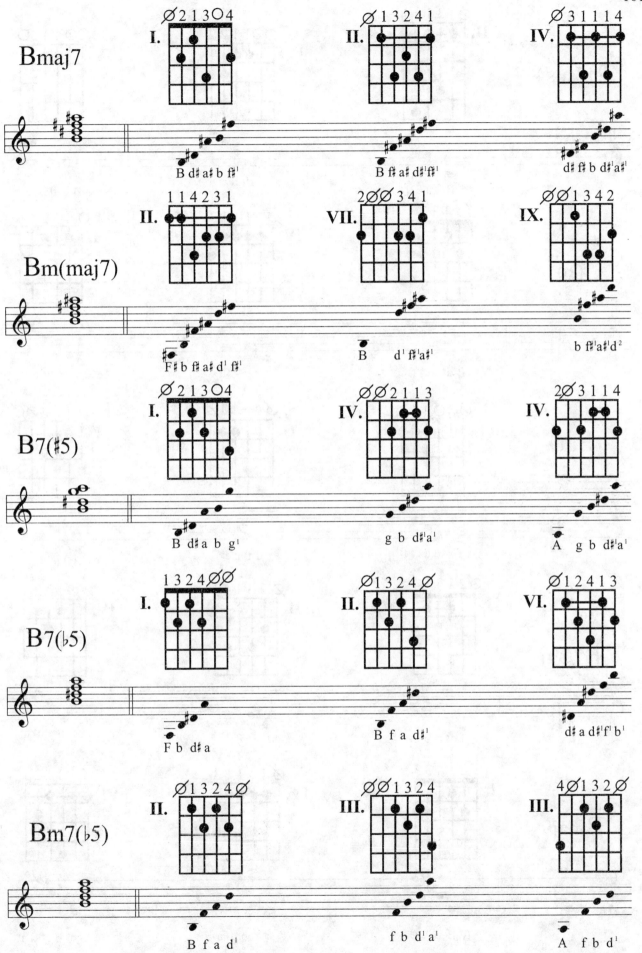

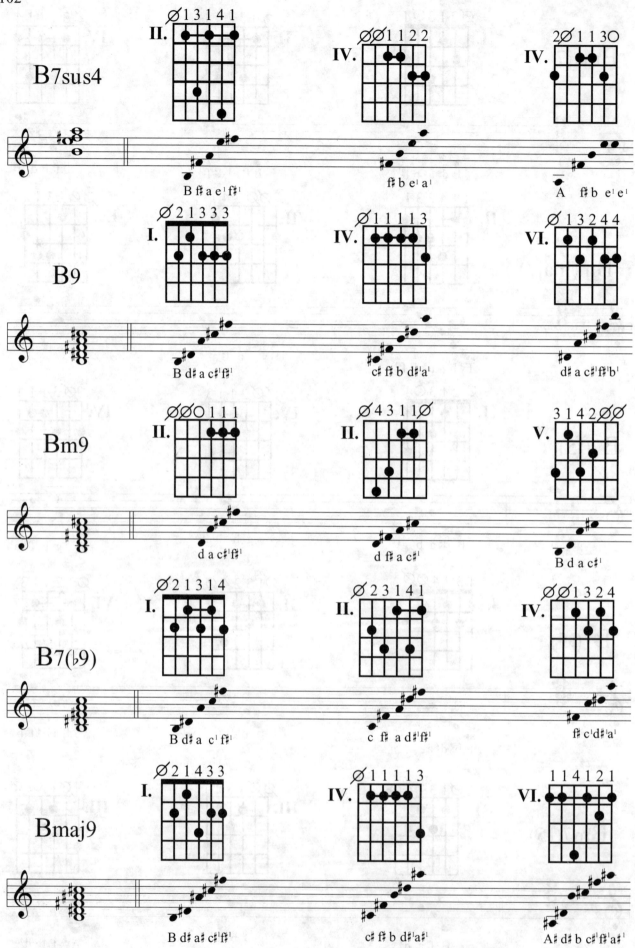

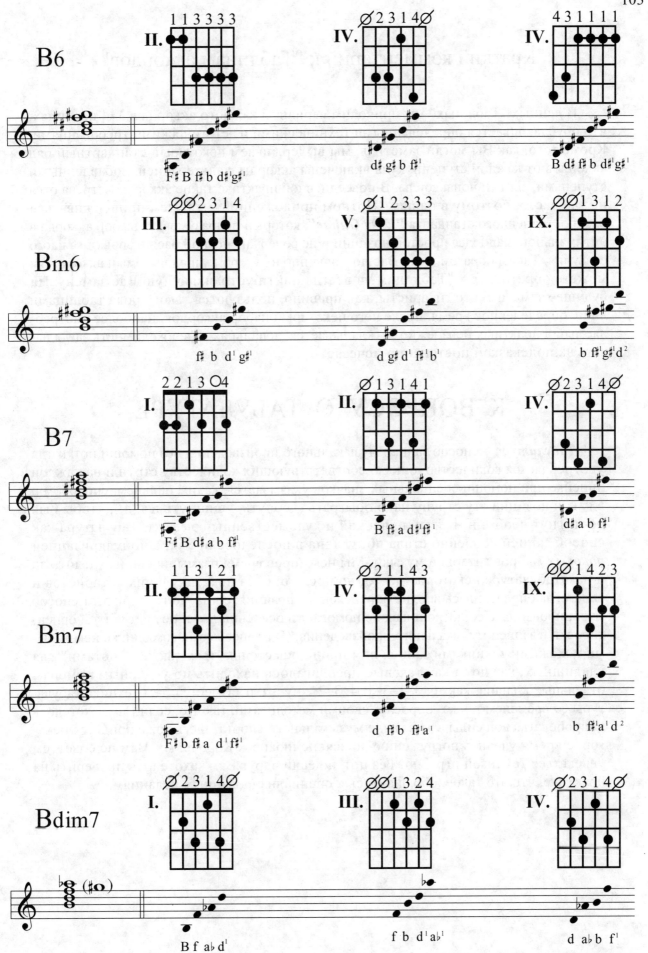

Краткий комментарий к "Таблицам аккордов"

В данных "Таблицах" мы приводим варианты каждого аккорда в 3–4 позициях, что обуславливается определёнными техническими и эстетическими требованиями. Кроме того, как Вы могли заметить, мы выдерживаем некоторый стандартный ряд аккордов от каждой ступени, куда включены аккорды с альтерацией, добавленными ступенями, септ- и нонаккорды. В повседневной практике такие аккорды встречаются не так часто, поэтому в нашем "Нотном приложении" мы будем придерживаться распространённого стандарта ***"Easy Guitar"***, который подразумевает выбор аккорда в оптимальной, наиболее простой позиции и не содержит нотной расшифровки каждого созвучия. Таким образом, если Вас по звучанию не устроит предлагаемый аккорд, Вы можете обратиться к "Таблицам" и всегда найти устраивающую Вас замену. На будущее заметим, что гитаристы, как правило, пользуются такого рода таблицами лишь определённое время, после чего некоторый набор аккордов, наиболее употребляемый в практике, неизбежно "откладывается" в пальцах и необходимость заглядывать за подсказкой постепенно исчезает.

К ВОПРОСУ О ТАБУЛАТУРЕ

Табулатура – способ записи музыкального произведения без помощи нот, когда употребляется количество линеек, соответствующих количеству струн и на каждой линейке при помощи специальных значков указывается, каким пальцем, способом и в какой позиции эту струну надо обыграть (дёрнуть, ущипнуть и т. д.), чтобы был достигнут необходимый технический и художественный эффект. Табулатура как способ записи особенно стала популярна в последнее время, с популяризацией ***роковых*** жанров гитарной музыки. Мы некоторое время размышляли, не уделить ли и нам табулатуре некоторое место, но после опроса практикующих гитаристов и педагогов определилась вполне определённая позиция, согласно которой этот способ музицирования абсолютно никак не помогает в освоении нот и не даёт чёткой ориентировки в записи музыкального произведения. (В процессе ознакомления с некоторыми похожими техниками записи нам пришлось столкнуться также с "нотами" для клавишных, где ноты как таковые предлагалось находить по условным номерам отдельных клавиш, как то: 3–1–3–1–4–3–2... ну и т. п.) Вместе с тем техника табулатуры со временем также "обросла" своими методиками, так что, если Вам захотелось попробовать свои силы в этом виде музыкального спорта, здесь тоже придётся некоторое время уделить погружению во всякие нюансы. Короче: мы Вам не советуем увлекаться техникой игры нот без нот, но если вдруг Вам захотелось проверить на практике, что это такое, обращайтесь к специализированным изданиям.

НОТНОЕ ПРИЛОЖЕНИЕ

ПОПУЛЯРНАЯ КЛАССИКА

Ода к радости
из симфонии №9 (фрагмент)

Л. Бетховен

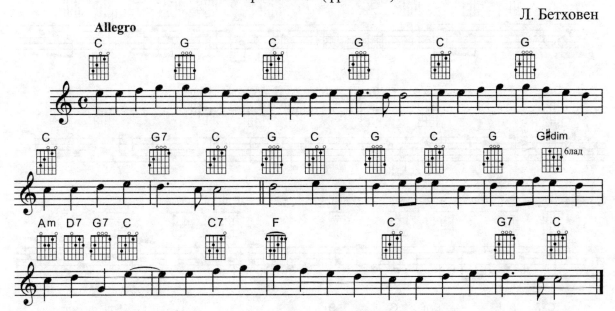

Лебедь
из сюиты "Карнавал животных" (фрагмент)

К. Сен-Санс

Увертюра
из балета "Лебединое озеро" (фрагмент)

П. Чайковский

Маленькая ночная серенада
(фрагмент)

В. А. Моцарт

Хабанера
из оперы "Кармен"

Ж. Бизе

Весна

из цикла "Времена года" (фрагмент)

А. Вивальди

Размышление

Ж. Массне

МЕЛОДИИ НАРОДОВ МИРА
Auld Lang Syne
(Шотландская народная песня)

Ach, du lieber Augustin
(Немецкая народная песня)

London Bridge
(Английская народная песня)

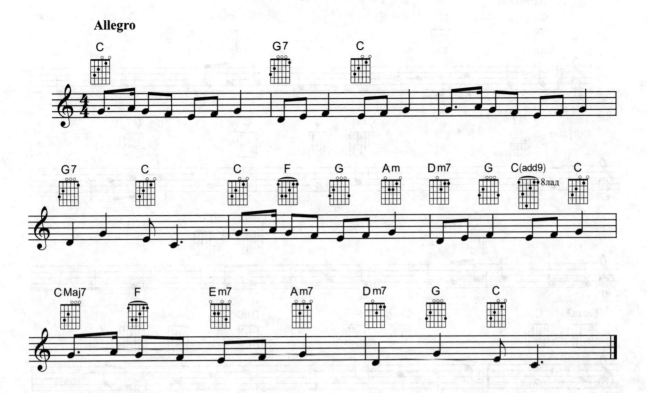

Yankee Doodle
(Американская народная песня)

Santa Lucia
(Неаполитанская народная песня)

La Cucaracha
(Мексиканская народная песня)

Cielito Lindo

(Мексиканская народная песня)

ПОПУЛЯРНЫЕ ДЖАЗОВЫЕ СТАНДАРТЫ

Caravan

Х. Тизол, Д. Эллингтон

Take Five
(Пять четвертей)

П. Дезмонд

Дым

Дж. Керн

O, Lady Be Good!

Дж. Гершвин

Girl From Ipanema

Bossa Nova

А.-К. Жобим

ТЕМЫ ИЗ ПОПУЛЯРНЫХ КИНОФИЛЬМОВ

Je t'attendrai

из к/ф "Шербургские зонтики"

М. Легран

Вальс
из к/ф "Мой ласковый и нежный зверь"

Е. Дога

Love Story

из к/ф "История любви"

Ф. Лей

Speak Softly Love

из к/ф "Крёстный отец"

Н. Рота

Moderato

Мелодия
из к/ф "Долгая дорога в дюнах"

Р. Паулс

ХИТЫ ЗАРУБЕЖНОЙ ЭСТРАДЫ

Venus

Из репертуара ансамбля "Shocking Blue"

Leeuwen - Aftermath

A God-dess on a moun-tain top Was
bur-ning like a sil-ver flame The sum-mit of Beau-ty in love
And Ve-nus was her name She's got it
yeah, Ba-by, she's got it Well,
I'm your Ve-nus, I'm your fi-re At your de-si-re Well,

A Goddess on a mountain top
Was burning like a silver flame
The summit of Beauty in love
And Venus was her name

REFRAIN:
She's got it yeah, Baby, she's got it
Well, I'm your Venus, I'm your fire
At your desire

Her weapon were her crystal eyes
Making every man mad
Black as the dark night she was
Got what no-one else had
Wa!

REFRAIN

Back in the U.S.S.R.

Из репертуара ансамбля "The Beatles"

J. Lennon - P. McCartney

Medium Rock Tempo

Flew in from Mi - a - mi Beach B. O. A. C., Did - n't get to bed last night

On the way the pa - per bag was on my knee,

Man, I had a dread - ful flight, I'm back in the U. S. S. R.

You don't know how luck - y you are boy, Back in the U. S. S.

1. R. 2. R. Well the U - kraine girls real - ly knock me out, They

Fine

leave the West be - hind. And Mos - cow girls make me sing and shout That

Geor - gia's al - ways on my mi - mi - mi - mi - mi - mi - mi - mi mind.

D.C. al Fine

Flew in from Miami Beach B.O.A.C.,
Didn't get to bed last night
On the way the paper bag was on my knee
Man I had a dreadful flight
I'm back in the U.S.S.R.
You don't know how lucky you are boy
Back in the U.S.S.R.

Been away so long I hardly knew the place
Gee it's good to be back home
Leave it till tomorrow to unpack my case
Honey disconnect the phone
I'm back in the U.S.S.R.
You don't know how lucky you are boy
Back in the U.S.S.R.

Well the Ukraine girls really knock me out
They leave the West behind
And Moscow girls make me sing and shout
That Georgia's always on my mind.

I'm back in the U.S.S.R.
You don't know how lucky you are boys
Back in the U.S.S.R.

Show me round your snow peaked mountains way down south
Take me to your daddy's farm
Let me hear your balalaika's ringing out
Come and keep your comrade warm.
I'm back in the U.S.S.R.
You don't know how lucky you are boys
Back in the U.S.S.R.

Satisfaction

Из репертуара ансамбля "The Rolling Stones"

With a beat   M. Jagger – K. Richards

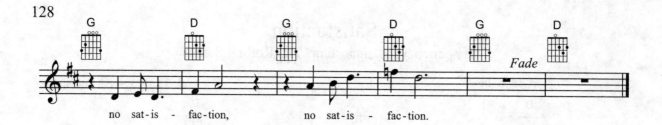

no sat-is - fac-tion,   no sat-is - fac-tion.

I can't get no satisfaction,
I can't get no satisfaction.
'Cause I try and I try and I try and I try.
I can't get no, I can't get no.

When I'm drivin' in my car
and that man comes on the radio
and he's tellin' me more and more
about some useless information
supposed to fire my imagination.
I can't get no, oh no no no.
Hey hey hey, that's what I say.

I can't get no satisfaction,
I can't get no satisfaction.
'Cause I try and I try and I try and I try.
I can't get no, I can't get no.

When I'm watchin' my TV
and that man comes on to tell me
how white my shirts can be.
Well he can't be a man 'cause he doesn't smoke
the same cigarrettes as me.
I can't get no, oh no no no.
Hey hey hey, that's what I say.

I can't get no satisfaction,
I can't get no girl with action.
'Cause I try and I try and I try and I try.
I can't get no, I can't get no.

When I'm ridin' round the world
and I'm doin' this and I'm signing that
and I'm tryin' to make some girl
who tells me baby better come back later next week
'cause you see I'm on losing streak.
I can't get no, oh no no no.
Hey hey hey, that's what I say.

I can't get no, I can't get no,
I can't get no satisfaction,
no satisfaction, no satisfaction, no satisfaction.

July Morning

Из репертуара ансамбля "Uriah Heep"

Moderato

K. Hensley

There I was on a Ju - ly mor - ning Loo - king for

love, With the strength of a new day daw - ning

And the beau - ti - ful sun At the sound of the

first bird sin - ging I was lea - ving for home

With the storm and the night be - hind me And a road of my

own With the day came the re - so - lu - tion

I'll be loo - king for you La la la

la la la la la la la la la...

There I was on a July morning
Looking for love,
With the strength of a new day dawning
And the beautiful sun
At the sound of the first bird singing
I was leaving for home
With the storm and the night behind me
And a road of my own
With the day came the resolution
I'll be looking for you
La la la la...

I was looking for love in the strangest places
There wasn't a stone that I left unturned
I must have tried more than a thousand faces
But not one was aware of the fire that burned

In my heart, In my mind, In my soul
La la la la...

In my heart, In my mind, In my soul
La la la la... La la la la...

There I was on a July morning
Looking for love,
With the strength of a new day dawning
And the beautiful sun
At the sound of the first bird singing
I was leaving for home
With the storm and the night behind me
And a road of my own
With the day came the resolution
I'll be looking for you
La la la la...

РУССКИЕ НАРОДНЫЕ ПЕСНИ И РОМАНСЫ

Не вечерняя

Слова и музыка народные

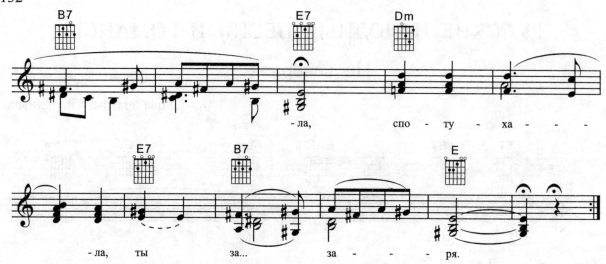

-ла,   спо - ту - ха - - -

-ла,   ты   за...   за - - ря.

Ах, да не вечерняя,
Моя ли ты, заря,
А... ай, заря,
Ах, и зоря, зоря,
Ведь, как спотухала,
Ах, как и зоря,
Ведь, как спотухала.

Хор:
Спотухала,
Спотухала, ты за... заря.

Ах, да вы подэнтека,
Нэ же вы, братцы, а...
Ай, братцы, ах, и тройку,
Тройку мангэ серо-пегих,
Ах, как и тройку
Мангэ серо-пегих.

Хор:
Серо-пегих,
Серо-пегих мангэ лошадей.

Во субботу, день ненастный

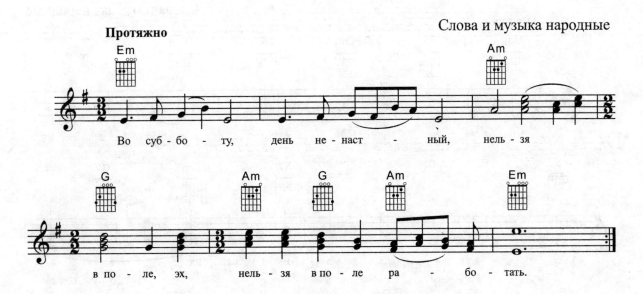

Во субботу, день ненастный,
Нельзя в поле, эх,
Нельзя в поле работать.

Нельзя в полюшке работать,
Ни боронить, эх,
Ни боронить, ни пахать.

Мы пойдём с тобой, милёнок,
Во зелёный, эх,
Во зелёный сад гулять.

Во зелёненьком садочке
Соловей, эх,
Соловей-птица поёт.

Не про нас ли, друг мой милый,
Люди бают, эх,
Люди бают, говорят?

Тебя, молодца, ругают,
Меня, девицу, эх,
Меня, девицу, бранят?..

Ой, мороз, мороз

Слова и музыка народные

Ой, мороз, мороз,
Не морозь меня,
Не морозь меня,
Моего коня.

Моего коня
Белогривого,
У меня жена,
Ой, ревнивая.

У меня жена
Ой, красавица,
Ждёт меня домой,
Ждёт-печалится.

Я вернусь домой
На закате дня,
Обниму жену,
Напою коня.

Ой, мороз, мороз,
Не морозь меня,
Не морозь меня,
Моего коня.

Тонкая рябина

Слова И. Сурикова

Музыка народная

Что стоишь ка-ча-ясь, тон-ка-я ря-би-на, го-ло-вой скло-ня-ясь до са-мо-го ты-на?

Что стоишь, качаясь,
Тонкая рябина,
Головой склоняясь
До самого тына?

А через дорогу,
За рекой широкой
Так же одиноко
Дуб стоит высокий.

Как бы мне, рябине,
К дубу перебраться,
Я б тогда не стала
Гнуться и качаться.

Тонкими ветвями
Я б к нему прижалась
И с его листами
День и ночь шепталась.

Но нельзя рябине
К дубу перебраться,
Знать, судьба такая –
Век одной качаться.

Гори, гори, моя звезда!

Стихи В. Чуевского

Музыка П. Булахова

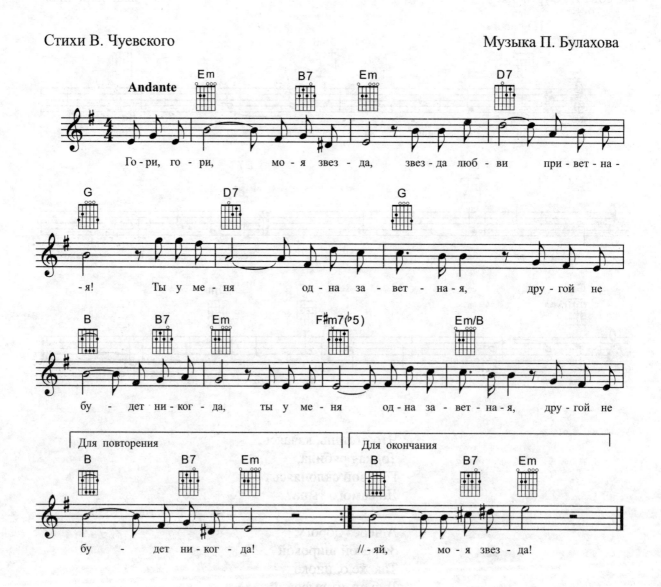

Гори, гори, моя звезда,
Звезда любви приветная!
Ты у меня одна заветная,
Другой не будет никогда!

Звезда любви волшебная,
Звезда прошедших лучших дней!
Ты будешь вечно незабвенная
В душе измученной моей!

Твоих лучей небесной силою
Вся жизнь моя озарена,
Умру ли я, ты над могилою
Гори, сияй, моя звезда!

На заре ты её не буди

Стихи А. Фета

Музыка А. Варламова

Allegro moderato

На за-ре ты е-ё не бу-ди, на за-ре о-на слад-ко так спит, ут-ро ды-шит у ней на гру-ди, яр-ко пы-шет на ям-ках ла-нит.

На заре ты её не буди,
На заре она сладко так спит,
Утро дышит у ней на груди,
Ярко пышет на ямках ланит.

И подушка её горяча,
И горяч утомительный сон,
И, чернеясь, бегут на плеча
Косы лентой с обеих сторон.

А вчера у окна ввечеру
Долго-долго сидела она
И следила по тучам игру,
Что, скользя, затевала луна.

И чем ярче играла луна,
И чем громче свистал соловей,
Всё бледней становилась она,
Сердце билось больней и больней.

Оттого-то на юной груди,
На ланитах так утро горит.
Не буди ж ты её, не буди...
На заре она сладко так спит!

Отцвели уж давно хризантемы в саду...

Стихи В. Шумского

Музыка Н. Харито

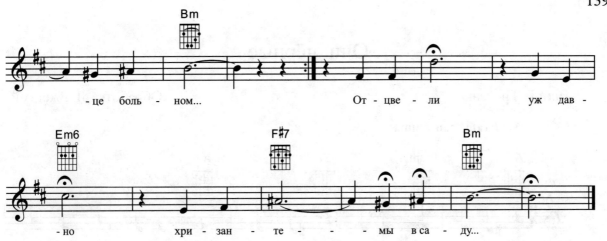

-це боль - ном... От - цве - ли уж дав -

- но хри - зан - те - - мы в са - ду...

В том саду, где мы с Вами встретились,
Ваш любимый куст хризантем расцвёл,
И в душе моей расцвело тогда
Чувство яркое светлой любви!

Припев:

Отцвели уж давно
Хризантемы в саду,
Но любовь всё живёт
В моём сердце больном...

Опустел Ваш сад, Вас давно уж нет,
Я брожу один, весь измученный,
И невольные слёзы катятся
Пред увядшим кустом хризантем...

Припев.

Отцвели уж давно
Хризантемы в саду...

Очи чёрные

Стихи Е. Гребенки   Обработка Л. Ржецкой

Moderato, con anima

О - чи чёр - ны - е, о - чи страст - ны - е! О - чи

жгу - чи - е и пре - крас - ны - е! Как люб - лю я вас! Как бо -

-юсь я вас! Знать, у - ви - дел вас я в не - доб - рый час! Ах, не -

-да - ром вы глу - би - ны тем - ней! Ви - жу тра - ур в вас по ду -

-ше мо - ей, ви - жу пла - мя в вас я по - бед - но - е: сож - же -

-но на нём серд - це бед - но - е. сча - сти - е. Вы сгу - би - ли ме - ня,

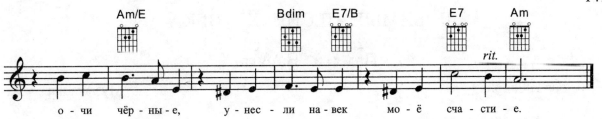

о - чи чёр - ны - е,   у - нес - ли на - век   мо - ё   сча - сти - е.

Очи чёрные, очи страстные!
Очи жгучие и прекрасные!
Как люблю я вас! Как боюсь я вас!
Знать, увидел вас я в недобрый час!

Ах, недаром вы глубины темней!
Вижу траур в вас по душе моей,
Вижу пламя в вас я победное:
Сожжено на нём сердце бедное.

Не встречал бы вас, не страдал бы так,
Я бы прожил жизнь улыбаючись.
Вы сгубили меня, очи чёрные,
Унесли навек моё счастие.

ЛЮБИМЫЕ ПЕСНИ XX ВЕКА

Памяти "Варяга"

Слова Р. Рейнца

Музыка народная

Торжественно

Наверх вы, то-ва-ри-щи! Все по мес-там! По-след-ний па-рад на-сту-па-ет. Вра-гу не сда-ёт-ся наш гор-дый "Ва-ряг", по-ща-ды ни-кто не же-ла-ет, вра-гу не сда-ёт-ся наш гор-дый "Ва-ряг", по-ща-ды ни-кто не же-ла-ет. Все //-рой-ску-ю ги-бель "Ва-ря-га".

Для продолжения

Для окончания

Наверх вы, товарищи! Все по местам!
Последний парад наступает.
Врагу не сдаётся наш гордый «Варяг»,
Пощады никто не желает.

Все вымпелы вьются и цепи гремят,
Наверх якоря поднимают.
Готовые к бою, орудия в ряд
На солнце зловеще сверкают.

Свистит и гремит, и грохочет кругом,
Гром пушек, шипенье снарядов.
И стал наш бесстрашный и гордый «Варяг»
Подобен кромешному аду.

В предсмертных мученьях трепещут тела...
И грохот, и дым, и стенанья,
И судно охвачено морем огня.
Настала минута прощанья.

Прощайте, товарищи! С богом, ура!
Кипящее море под нами!
Не думали, братцы, мы с вами вчера,
Что нынче умрём под волнами.

Не скажет ни камень, ни крест, где легли
Во славу мы русского флага.
Лишь волны морские прославят в веках
Геройскую гибель «Варяга».

В землянке

Слова А. Суркова   Музыка К. Листова

Бьётся в тесной печурке огонь,
На поленьях смола, как слеза.
И поёт мне в землянке гармонь
Про улыбку твою и глаза.

Про тебя мне шептали кусты
В белоснежных полях под Москвой.
Я хочу, чтобы слышала ты,
Как тоскует мой голос живой.

Ты сейчас далеко, далеко,
Между нами снега и снега...
До тебя мне дойти нелегко,
А до смерти четыре шага.

Пой, гармоника, вьюге назло,
Заплутавшее счастье зови!
Мне в холодной землянке тепло
От моей негасимой любви.

Моя Москва

Слова М. Лисянского

Музыка И. Дунаевского

Я по свету немало хаживал:
Жил в землянках, в окопах, в тайге,
Похоронен был дважды заживо,
Знал разлуку, любил в тоске.
Но Москвой я привык гордиться,
И везде повторял я слова:
　　"Дорогая моя столица!
　　Золотая моя Москва!"

Я люблю подмосковные рощи
И мосты над твоею рекой,
Я люблю твою Красную площадь
И кремлёвских курантов бой.
В городах и далёких станицах
О тебе не умолкнет молва,
　　Дорогая моя столица!
　　Золотая моя Москва!

Мы запомним суровую осень,
Скрежет танков и отблеск штыков,
И в веках будут жить двадцать восемь
Самых храбрых твоих сынов.
И врагу никогда не добиться,
Чтоб склонилась твоя голова,
　　Дорогая моя столица!
　　Золотая моя Москва!

В день рождения

Слова В. Харитонова

Музыка А. Новикова

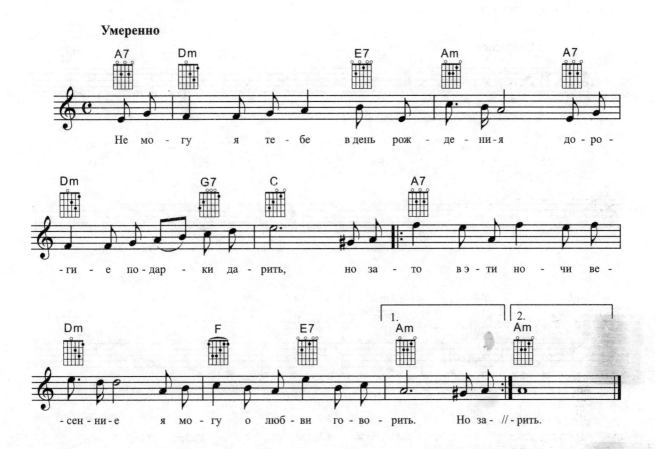

Не могу я тебе в день рождения
Дорогие подарки дарить,
Но зато в эти ночи весенние
Я могу о любви говорить.

Я пока что живу в общежитии,
Увлекаюсь своею мечтой,
Никакого не сделал открытия,
Но оно, несомненно, за мной.

Ты не думай, что я невнимательный,
Что цветы не бросаю к ногам.
Я тебе в этот день замечательный
Своё верное сердце отдам!

Голубая тайга

Слова Г. Регистана

Музыка А. Бабаджаняна

Умеренно

За-втра сно-ва до-ро-га, путь не-лёг-кий с ут-ра...

Хо-ро-шо хоть не-мно-го по-си-деть у кост-ра.

Но, вол-ной на-бе-га-я, тро-нул вальс бе-ре-га...

А во-круг го-лу-ба-я, го-лу-ба-я тай-га,

Для повторения

а во-круг го-лу-ба-я, го-лу-ба-я тай-га.

Для окончания

Воз-ле реч-ки та-// го-лу-ба-я тай-га.

Завтра снова дорога,
Путь нелёгкий с утра...
Хорошо хоть немного
Посидеть у костра.
Но, волной набегая,
Тронул вальс берега...
А вокруг голубая,
Голубая тайга.

Возле речки таёжной,
У палатки вдвоём
Мы с тобой осторожно
В тихом вальсе плывём.
И поляна лесная
Закружилась слегка...
А вокруг голубая,
Голубая тайга.

Наши встречи не часты
На таёжной тропе.
Мы за трудное счастье
Благодарны судьбе.
И палатка простая
Нам с тобой дорога...
А вокруг голубая,
Голубая тайга.

(Повторение 1-го куплета)

Дружба

Слова А. Шмульяна

Музыка В. Сидорова

Когда простым и нежным взором
Ласкаешь ты меня, мой друг,
Необычайным простым узором
Земля и небо вспыхивают вдруг.

Припев:

Веселья час и боль разлуки
Давай делить с тобой всегда.
Давай пожмём друг другу руки
И в дальний путь на долгие года!

Мы так близки, что слов не нужно,
Чтоб повторять друг другу вновь,
Что наша нежность и наша дружба
Сильнее страсти, больше, чем любовь.

Припев:

Веселья час придёт к нам снова,
Вернёшься ты и вот тогда,
Тогда дадим друг другу слово,
Что будем вместе, вместе навсегда!

Лада

Слова М. Пляцковского

Музыка В. Шаинского

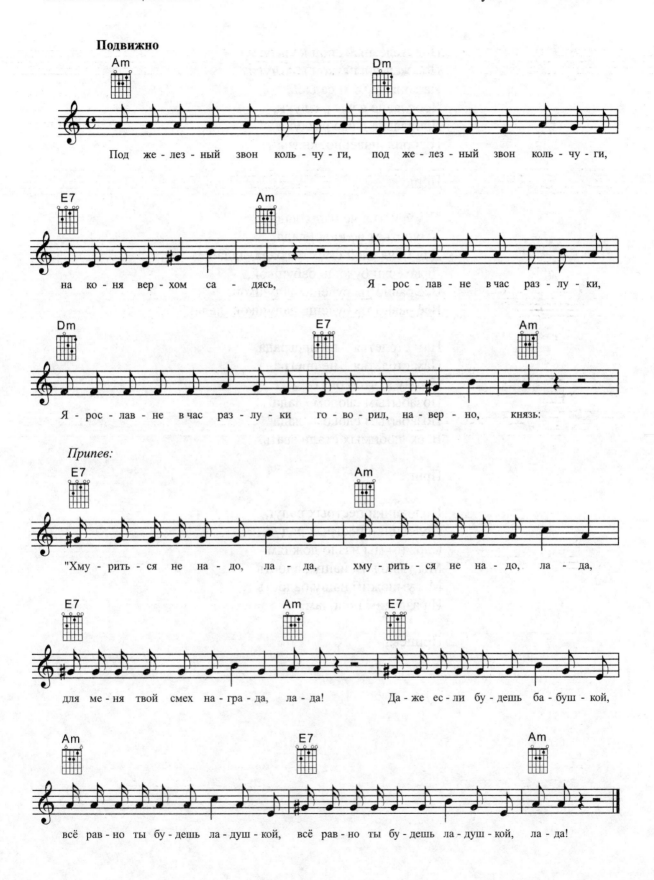

Подвижно

Под же-лез-ный звон коль-чу-ги, под же-лез-ный звон коль-чу-ги,

на ко-ня вер-хом са-дясь, Я-рос-лав-не в час раз-лу-ки,

Я-рос-лав-не в час раз-лу-ки го-во-рил, на-вер-но, князь:

Припев:

"Хму-рить-ся не на-до, ла-да, хму-рить-ся не на-до, ла-да,

для ме-ня твой смех на-гра-да, ла-да! Да-же ес-ли бу-дешь ба-буш-кой,

всё рав-но ты бу-дешь ла-душ-кой, всё рав-но ты бу-дешь ла-душ-кой, ла-да!

Под железный звон кольчуги,
Под железный звон кольчуги,
На коня верхом садясь,
Ярославне в час разлуки,
Ярославне в час разлуки
Говорил, наверно, князь:

Припев:

"Хмуриться не надо, лада,
Хмуриться не надо, лада,
Для меня твой смех награда, лада!
Даже если будешь бабушкой,
Всё равно ты будешь ладушкой,
Всё равно ты будешь ладушкой, лада!"

Нам столетья – не преграда,
Нам столетья – не преграда,
И хочу я, чтоб опять
Позабытым словом "лада",
Позабытым словом "лада"
Всех любимых стали звать.

Припев.

Половинки пёстрых радуг,
Половинки пёстрых радуг
Сложим мы назло дождям.
Мы умножим нашу радость.
Мы умножим нашу радость
И разделим пополам.

Припев.

Лебединая верность

Слова А. Дементьева

Музыка Е. Мартынова

Над зем-лёй ле-те-ли ле-бе-ди сол-неч-ным днём.

Бы-ло им свет-ло и ра-дост-но в не-бе вдво-ём.

И зем-ля ка-за-лась лас-ко-вой им в э-тот миг...

Вдруг по пти-цам кто-то вы-стре-лил, и вы-рвал-ся

крик: – Что с то-бой, мо-я лю-би-ма-я? От-зо-вись ско-рей!

Без люб-ви тво-ей не-бо всё груст-ней. Где же ты, мо-я лю-

-би-ма-я? Воз-вра-тись ско-рей! Кра-со-той сво-е-ю неж-ной

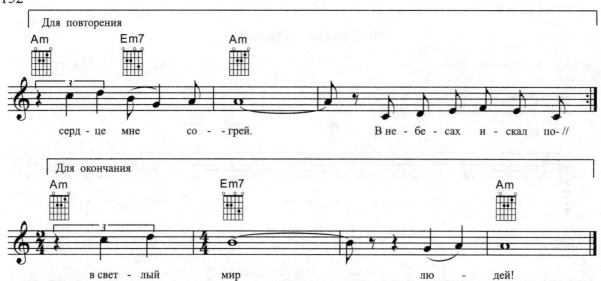

Для повторения

Am   Em7   Am

серд-це мне со--грей.   В не-бе-сах и-скал по-//

Для окончания

Am   Em7   Am

в свет-лый мир   лю--дей!

Над землёй летели лебеди
Солнечным днём.
Было им светло и радостно
В небе вдвоём.
И земля казалась ласковой
Им в этот миг...
Вдруг по птицам кто-то выстрелил,
И вырвался крик:
   – Что с тобой, моя любимая?
   Отзовись скорей!
   Без любви твоей
   Небо всё грустней.
   Где же ты, моя любимая?
   Возвратись скорей!
   Красотой своею нежной
   Сердце мне согрей.

В небесах искал подругу он,
Звал из гнезда.
Но молчанием ответила
Птице беда.
Улететь в края далёкие
Лебедь не мог,
Потеряв подругу верную,
Он стал одинок.
   – Ты прости меня, любимая,
   За чужое зло,
   Что моё крыло
   Счастья не спасло.
   Ты прости меня, любимая,
   Что весенним днём
   В небе голубом, как прежде,
   Нам не быть вдвоём.

И была непоправимою
Эта беда,
Что с любимою не встретится
Он никогда.
Лебедь вновь поднялся к облаку,
Песню прервал –
И, сложив бесстрашно крылья,
На землю упал...
   Я хочу, чтоб жили лебеди!
   И от белых стай,
   И от белых стай
   Мир добрее стал.
   Пусть летят по небу лебеди
   Над судьбой моей,
   Над землёй моей – летите
   В светлый мир людей!

Мои года

Слова Р. Рождественского

Музыка Г. Мовсесяна

Пусть голова моя седа,
Зимы мне нечего пугаться.
Не только груз мои года,
Мои года – моё богатство.
Пусть голова моя седа,
Не только груз мои года,
Мои года – моё богатство.

Я часто время торопил,
Привык во все дела впрягаться.
Пускай я денег не скопил,
Мои года – моё богатство.
Я часто время торопил,
Пускай я денег не скопил,
Мои года – моё богатство.

Подмосковные вечера

Слова М. Матусовского

Музыка В. Соловьёва-Седого

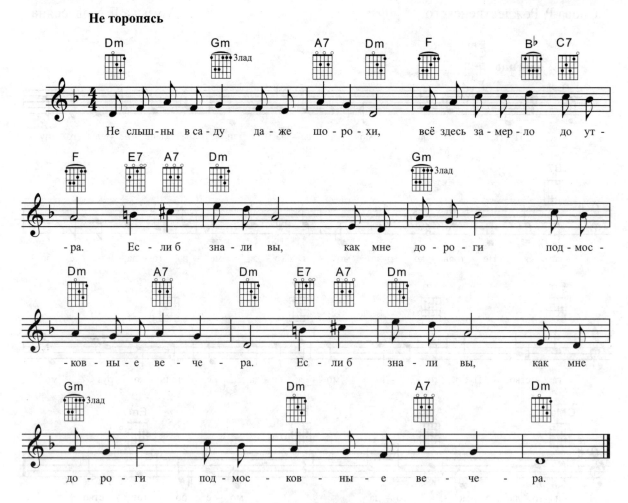

Не слышны в саду даже шорохи,
Всё здесь замерло до утра.
Если б знали вы, как мне дороги
Подмосковные вечера.

Речка движется и не движется,
Вся из лунного серебра.
Песня слышится и не слышится
В эти тихие вечера.

Что ж ты, милая, смотришь искоса,
Низко голову наклоня?
Трудно высказать и не высказать
Всё, что на сердце у меня.

А рассвет уже всё заметнее...
Так, пожалуйста, будь добра,
Не забудь и ты эти летние
Подмосковные вечера.

Разговор со счастьем

из к/ф "Иван Васильевич меняет профессию"

Слова Л. Дербенёва   Музыка А. Зацепина

Свободно

Счасть-е вдруг в ти-ши-не по-сту-ча-лось в две-ри.

Не-у-жель ты ко мне? Ве-рю и не ве-рю! Па-дал снег, плыл рас-свет,

о-сень мо-ро-си-ла... Столь-ко лет, столь-ко лет где те-бя но-си-ло?

Припев:
Ускоряя

Вдруг, как в сказ-ке, скрип-ну-ла дверь – всё мне яс-но ста-ло те-перь.

Столь-ко лет я спо-рил с судь-бой ра-ди э-той встре-чи с то-бой.

Мёрз я где-то, плыл за мо-ря, зна-ю, э-то бы-ло не зря!

Всё на све-те бы-ло не зря, не на-прас-но бы-ло!

Счастье вдруг в тишине
Постучалось в двери.
Неужель ты ко мне?
Верю иль не верю!
Падал снег, плыл рассвет,
Осень моросила...
Столько лет, столько лет
Где тебя носило?

Припев:

Вдруг, как в сказке, скрипнула дверь —
Всё мне ясно стало теперь.
Столько лет я спорил с судьбой
Ради этой встречи с тобой.
Мёрз я где-то, плыл за моря,
Знаю, это было не зря!
Всё на свете было не зря,
Не напрасно было!

Ты пришло, ты сбылось —
И не жди ответа,
Без тебя как жилось
Мне до встречи этой?
Тот, кто ждёт, всё снесёт,
Как бы жизнь не била,
Лишь бы всё, это всё
Не напрасно было!

Припев.

Шаланды, полные кефали

из к/ф "Два бойца"

Слова В. Агатова

Музыка Н. Богословского

Умеренно

Em · Am6 · B7

Ша-лан-ды, пол-ны-е ке-фа-ли,
в О-дес-су Кос-тя при-во-

Em · Dm6 · E7 · Am

-дил, и все бин-дюж-ни-ки вста-ва-ли,

Am6 · B7 · Em

ко-гда в пив-ну-ю он вхо-дил. Си-не-ет мо-ре за буль-

Am6 · B7 · Em

-ва-ром, каш-тан над го-ро-дом цве-тёт.

Dm6 · E7 · Am · Am6 · B7

Наш Кон-стан-тин бе-рёт ги-та-ру и ти-хим го-ло-сом по-

Припев:

Em · E · A6

-ёт: "Я вам не ска-жу за всю О-дес-су-

B7 · E · C#7 · F#m

вся О-дес-са о-чень ве-ли-ка, но и Мол-да-ван-ка и Пе-

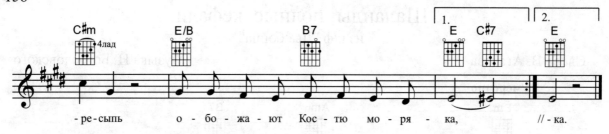

-ре-сыпь   о - бо - жа - ют   Кос-тю   мо - ря - ка,   // - ка.

Шаланды, полные кефали,
В Одессу Костя приводил,
И все биндюжники вставали,
Когда в пивную он входил.
Синеет море за бульваром,
Каштан над городом цветёт.
Наш Константин берёт гитару
И тихим голосом поёт:

Припев:

"Я вам не скажу за всю Одессу,
Вся Одесса очень велика,
Но и Молдаванка и Пересыпь
Обожают Костю-моряка!"

Рыбачка Соня как-то в мае,
Причалив к берегу баркас,
Ему сказала: "Все вас знают,
А я так вижу в первый раз".
В ответ, достав "Казбека" пачку,
Ответил Костя с холодком:
"Вы интересная чудачка,
Но дело, видите ли, в том – "

Припев.

Фонтан черёмухой покрылся,
Бульвар Французский весь в цвету.
"Наш Костя, кажется, влюбился" –
Кричали грузчики в порту.
Об этой новости неделю
В порту шумели рыбаки,
На свадьбу Костину надели
Со страшным скрипом башмаки.

Припев.

БАРДОВСКАЯ ПЕСНЯ
Милая моя

Слова и музыка Ю. Визбора

Всем нашим встречам разлуки, увы, суждены.
Тих и печален ручей у янтарной сосны,
Пеплом несмелым подёрнулись угли костра,
Вот и окончилось всё, расставаться пора.

Припев:
Милая моя, солнышко лесное,
Где, в каких краях встретишься со мною?

Крылья сложили палатки: их кончен полёт.
Крылья расправил искатель разлук – самолёт.
И потихонечку пятится трап от крыла,
Вот уж действительно пропасть меж нами легла.
Припев.

Не утешайте меня – мне слова не нужны.
Мне б разыскать тот ручей у янтарной сосны.
Вдруг сквозь туман там краснеет кусочек огня,
Вдруг у огня ожидает, представьте, меня...
Припев.

Горная лирическая

Слова и музыка В. Высоцкого

Ну вот, исчезла дрожь в руках – теперь наверх!
Ну вот, сорвался в пропасть страх навек, навек.
Для остановки нет причин, иду скользя.
И в мире нет таких вершин, что взять нельзя.

Среди нехоженых путей – один путь мой.
Среди невзятых рубежей – один за мной.
А имена тех, кто здесь лёг, снега таят.
Среди нехоженых дорог – одна моя.

Здесь голубым сияньем льдов весь склон облит,
И тайну чьих-нибудь следов гранит хранит.
И я гляжу в свою мечту – поверх голов,
И свято верю в чистоту снегов и слов.

И пусть пройдёт немалый срок – мне не забыть,
Как здесь сомнения я смог в себе убить.
В тот день шептала мне вода: "Удач всегда!"
А день, какой был день тогда? Ах, да, среда.

Атланты

Слова и музыка А. Городницкого

Когда на сердце тяжесть и холодно в груди,
К ступеням Эрмитажа ты в сумерки приди,
Где без питья и хлеба, забытые в веках,
Атланты держат небо на каменных руках.

Держать его махину – не мёд со стороны.
Напряжены их спины, колени сведены.
Их тяжкая работа важней иных работ:
Из них ослабни кто-то – и небо упадёт.

Во тьме заплачут вдовы, повыгорят поля,
И встанет гриб лиловый, и кончится Земля.
А небо год от года всё давит тяжелей,
Дрожит оно от гуда ракетных кораблей.

Стоят они, ребята, точёные тела,
Поставлены когда-то, а смена не пришла.
Их свет дневной не радует, им ночью не до сна,
Их красоту снарядами уродует война.

Стоят они навеки, упёрши лбы в беду.
Не боги – человеки, привычные к труду.
И жить ещё в надежде до той поры, пока
Атланты держат небо на каменных руках.

Всё в порядке

Слова и музыка А. Дольского

Всё в по - ряд - ке, всё нор - маль - но, ес - ли в серд - це пе - ре - бо - и, и о -

- пять пус - ты кар - ма - ны, и ни с кем не де - лишь бо - ли. Всё чу -

- дес - но, всё в по - ряд - ке, ес - ли кар - та сно - ва би - та... Кто до -

- бил - ся жиз - ни слад - кой, тот жи - вёт без ап - пе - ти - та.

Всё в порядке, всё нормально, если в сердце перебои,
И опять пусты карманы, и ни с кем не делишь боли.
Всё чудесно, всё в порядке, если карта снова бита...
Кто добился жизни сладкой, тот живёт без аппетита.

Всё отлично, всё прекрасно, если нет опять удачи.
Слёзы льются не напрасно – ты плати, а это сдача.
Всё нормально, всё отлично, – без любви живёт пол-света,
И тоска твоя привычна, как под утро сигарета.

Всё прилично, всё на месте, если гнёт обида плечи
И о правде и о чести в пустоту бормочешь речи.
Всё прекрасно, всё как надо... Эти горести и беды –
Суть бесценнейшего клада, зёрна будущей победы.

Губы окаянные

Слова и музыка Ю. Кима

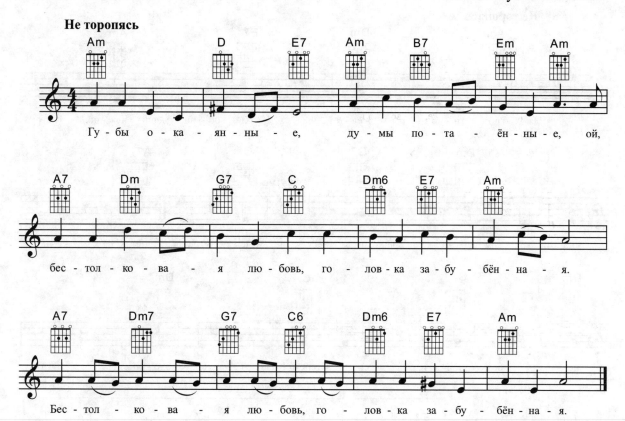

Не торопясь

Гу-бы о-ка-ян-ны-е, ду-мы по-та-ён-ны-е, ой,

бес-тол-ко-ва-я лю-бовь, го-лов-ка за-бу-бён-на-я.

Бес-тол-ко-ва-я лю-бовь, го-лов-ка за-бу-бён-на-я.

Губы окаянные,
Думы потаённые,
Ой, бестолковая любовь,
Головка забубённая.

Всё вы, губы, помните,
Всё вы, губы, знаете.
До чего ж вы моё сердце
Этим огорчаете!

Позову я голубя,
Позову я сизого,
Пошлю дролечке письмо,
И мы начнём всё сызнова.

Как здорово!

Слова и музыка О. Митяева

Изгиб гитары жёлтой ты обнимешь нежно,
Струна осколком эха пронзит тугую высь.
Качнётся купол неба, большой и звёздноснежный.
Как здорово, что все мы здесь сегодня собрались!

Как отблеск от заката, костёр меж сосен пляшет.
Ты что грустишь, бродяга? А ну-ка, улыбнись!
И кто-то очень близкий тебе тихонько скажет:
– Как здорово, что все мы здесь сегодня собрались!

И всё же с болью в горле мы тех сегодня вспомним,
Чьи имена, как раны, на сердце запеклись –
Мечтами их и песнями мы каждый вдох наполним.
Как здорово, что все мы здесь сегодня собрались!

Песенка о полночном троллейбусе

Слова и музыка Б. Окуджавы

Когда мне невмочь пересилить беду,
Когда подступает отчаянье,
Я в синий троллейбус сажусь на ходу,
В последний, случайный.

Полночный троллейбус, по улицам мчи,
Верши по бульварам круженье,
Чтоб всех подобрать, потерпевших в ночи
Крушенье, крушенье!

Полночный троллейбус, мне дверь отвори!
Я знаю, как в зябкую полночь
Твои пассажиры – матросы твои –
Приходят на помощь.

Я с ними не раз уходил от беды,
Я к ним прикасался плечами...
Как много, представьте себе, доброты
В молчанье, в молчанье.

Полночный троллейбус плывет по Москве,
В рассвет мостовая стекает...
И боль, что скворчонком стучала в виске,
Стихает, стихает.

Иметь или не иметь

Слова А. Аронова

Музыка С. Стёркина

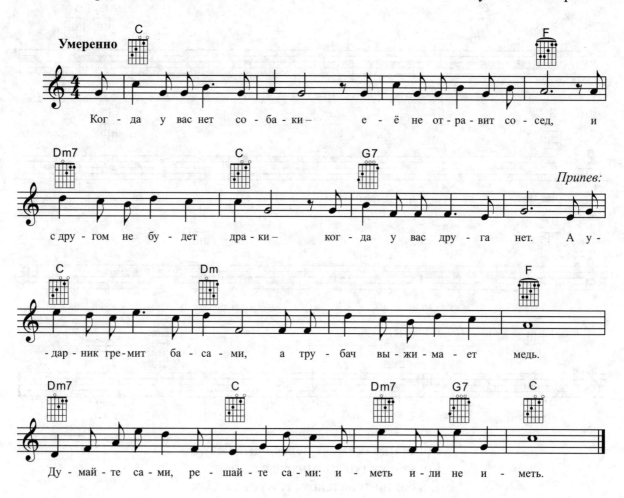

Когда у вас нет собаки –
Её не отравит сосед,
И с другом не будет драки –
Когда у вас друга нет.

Припев:

А ударник гремит басами,
А трубач выжимает медь.
Думайте сами, решайте сами:
Иметь или не иметь.

Когда у вас нету дома –
Пожары ему не страшны,
Жена не уйдёт к другому –
Когда у вас нет жены.

Припев.

Когда у вас нету тёти –
Вам тёти не потерять,
А если вы не живёте –
Вам можно не умирать.

Припев.

Когда у вас нету тёщи –
Её не отравит сосед,
Жена не уйдёт к другому –
Когда у вас друга нет.

Припев.

РУССКИЙ ШАНСОН

Колыма

(из репертуара А. Северного)

Слова и музыка неизвестных авторов

Здесь, под небом родным, в Колыме, нам родимой, слышен звон кандалов, скрип тюремных дверей. Люди спят на ходу, на ходу замерзают. Кто замёрз, тот и счастлив, — того больше не бьют. Люди спят на ходу, на ходу замерзают. Кто замёрз, тот и счастлив, — того больше не бьют.

Здесь, под небом родным,
В Колыме, нам родимой,
Слышен звон кандалов,
Скрип тюремных дверей.
Люди спят на ходу,
На ходу замерзают.
Кто замёрз, тот и счастлив, –
Того больше не бьют.

Скоро кончится срок,
И вернёмся на волю,
Будем жить-воровать,
И опять мы сгорим.
И опять – та же песнь,
И опять те мотивы...
Значит, нет, пацану,
Мне другого пути.

168

Владимирский централ

Слова и музыка М. Круга

но не оч - ко о - быч - но гу - бит, а к о - дин - над - ца - ти туз.

Весна опять пришла и лучики тепла
Доверчиво глядят в моё окно.
Опять защемит грудь и в душу влезет грусть,
По памяти пойдёт со мной.

Припев:

Владимирский централ, ветер северный.
Этапом из Твери, зла не меряно,
Лежит на сердце тяжкий груз.
Владимирский централ, ветер северный.
Хотя я банковал, жизнь разменяна,
Но не очко обычно губит, а к одиннадцати туз.

Пойдёт, разворошит и вместе согрешит
С той девочкой, что так давно любил.
С той девочкой ушла, с той девочкой пришла,
Забыть её не хватит сил.

Припев.

Там под окном ЗеКа. Проталина тонка.
И всё ж ты не долга, моя весна.
Я радуюсь, что здесь хоть это-то, но есть,
Как мне твоя любовь нужна!

Припев.

Снегири

Слова и музыка С. Трофимова (ТРОФИМ)

За окошком снегири греют куст рябиновый,
Наливные ягоды рдеют на снегу.
Я сегодня ночевал с женщиной любимою,
Без которой дальше жить просто не могу.

У меня своя семья, жизнь давно очерчена,
Но себя не обмануть, сколько не хитри...
С этой женщиною я словно небом венчанный,
И от счастья своего пьяный до зари.

Я смотрю в её глаза, словно в море синее,
И, прощаясь у дверей, обнимаю вновь,
А рябина на снегу плачет белым инеем,
Как продрогшая моя поздняя любовь.

(повторение 1-го куплета)

№ 245

Слова и музыка Г. Кричевского

Подвижно

Ни в за-гра - ни - цу, ни в Рим, ни в Ниц - цу
- ма - не, пись - мо для Та - ни.

наш у - ез-жа - ет э - ше - лон. Ох - ра - не стро - гой пло - хо
Мет - ну за-точ-ку, как фа - кир. Не в Со - чи жить, а в Ма - га -

спит - ся и чуть ка - ча-ет-ся ва - гон. Тра - ва в кар - // - фир.
- да - не, глу - шить не вод-ку, а чи -

Припев:

Мой но - мер – двес - ти со - рок пять, на те - ло-гре-еч-ке пе -
Мой но - мер – двес - ти со - рок пять, а я до-мой хо-чу о -

- чать. А рань - ше жил я на Та - ган - ке,
- пять, и час - то снит - ся за ко - люч-кой

у - чил бо-со-ту во - ро - вать. // - вать.
мне мо - я мяг-ка - я кро -

Ни в заграницу, ни в Рим, ни в Ниццу
Наш уезжает эшелон.
Охране строгой плохо спится
И чуть качается вагон.
Трава в кармане, письмо для Тани.
Метну заточку, как факир.
Не в Сочи жить, а в Магадане,
Глушить не водку, а чифир.

Припев:

Мой номер – двести сорок пять,
На телогреечке печать.
А раньше жил я на Таганке,
Учил босоту воровать.
Мой номер – двести сорок пять,
А я домой хочу опять,
И часто снится за колючкой
Мне моя мягкая кровать.

Донецкий Юра кричал мне: "Шура!
Грустить не нужно без нужды!"
Из хлеба вылепили дуру –
Пугать салагу из ВОХРы.
Простите, дамы, манто из ламы –
Я вас покину на пять лет...
На флейтах исполняйте гаммы
И наводите марафет.

Припев.

Стучат колёса и нет вопросов,
Куда уехал эшелон.
Жаль, отсырели папиросы
И чуть качается вагон.

Припев.

Ушаночка

Слова и музыка Г. Жарова

Бегут, стучат,
Бегут колёсики гуськом.
Спешат, хотят
Пугнуть парнишечку сибирским холодком.

Припев:

А я ушаночку поглубже натяну
И в своё прошлое с тоскою загляну,
Слезу смахну,
Тайком тихонечко вздохну,
Тайком тихонечко вздохну.

Бегут деньки,
Бегут неведомо куда.
Зовут меня
Туда, где в дымке зеленеют города.

Припев.

Бегу один,
Бегу к зелёным городам,
И вдруг гляжу –
Собаки мчатся по запутанным следам.

Припев.

Казачья

Слова и музыка А. Розенбаума

Под зарю вечернюю солнце к речке клонит.
Всё, что было-не было – знаем наперёд.
Только пуля казака во степи догонит,
Только пуля казака с коня собьёт!

Из сосны, берёзы ли саван мой соструган?
Не к добру закатная эта тишина...
Только шашка казаку во степи подруга,
Только шашка казаку в степи жена!

На Ивана холод ждём, в святки лето снится,
Зной махнём не глядя мы на пургу-метель...
Только бурка казаку во степи станица,
Только бурка казаку в степи постель!

Отложи косу свою, бабка, на немного...
Допоём, чего уж там, было б далеко!
Только песня казаку – во степи подмога,
Только с песней казаку помирать легко!

СОВРЕМЕННАЯ ЭСТРАДА
Money
(из репертуара группы "Ленинград")

Слова и музыка С. Шнурова

А деньги бывают – такое бывает,
Такое бывает, но только недолго.
Не храните деньги в сберегательных кассах,
Там от них никакого толку.

Припев:

О, мани, мани, мани... на карманс.

Хорошо, когда есть на кармане
Эти самые мани, мани.
Когда бабки есть – тогда всё путём,
Значит – снова пьём, значит – снова пьём.

Пример.

Я скажу по секрету между нами:
Самое главное – мани, мани.
За них можно всё купить,
Их нужно тратить, а не копить.

Припев.

Не оставляй меня, любимый

(из репертуара группы "Виа Гра")

Слова и музыка К. Меладзе

Я не знаю, что мне делать с этою бедой,
У меня на свете было все, да не то.
Где моя судьба – мне не ведомо,
Пусть все будет, как суждено, но…
Я не знаю, что мне делать с этою бедой,
У нее небесный запах, цвет золотой,
Сердце по ночам богу молится,
Просит каждый раз об одном, но…

Припев:

Но я играю эту роль, как две сестры – любовь и боль
Живут во мне необъяснимо.
Тебе и небо по плечу, а я свободы не хочу,
Не оставляй меня, любимый!

Поначалу не боялась, думала пройдет,
Но внезапно отказало сердце мое.
Все, что до него было – не было,
Белым застелю полотном, но…
(повтор первых 4-х строк)

Припев.

Новые люди

(из репертуара группы "Сплин")

Слова и музыка А. Васильева

Неторопливо

За - мер трол - лей - бус в трол - лей - бус - ном пар - ке, пе - ре -

-пу - тал ме - ха - ник про - во - да по за - пар - ке, вы - клю - чив лам - поч - ки

в со - рок э - лек - тро - све - чей, лю - ди но - ча - ми де - ла - ют но - вых

лю - дей.   1. Та - ки - е   2. *Припев:* Лю - ди кри - чат, за - ды - ха -

-ясь от сча - стья, и сто - нут так слад - ко и ды - шат так час - то, что

хо - чет - ся дви - гать - ся с каж - дой се - кун - дой быс - трей,

де - ла - я, де - ла - я, де - ла - я но - вых лю - дей.

178

Конец

Gm7   C

Лю - дям так нра - вит-ся де - лать но - вых лю - дей.

Замер троллейбус в троллейбусном парке,
Перепутал механик провода по запарке,
Выключив лампочки в сорок электросвечей,
Люди ночами делают новых людей.
Такие тонкие стены из цветного картона
В светло-серых дворцах из стекла и бетона.
Доверяя всему, что плетут из дневных новостей,
Люди ночами делают новых людей.

Припев:

Люди кричат, задыхаясь от счастья,
И стонут так сладко и дышат так часто,
Что хочется двигаться с каждой секундой быстрей,
Делая, делая, делая новых людей.

Думают люди в Ленинграде и Риме,
Что смерть это то, что бывает с другими,
Что жизнь так и будет крутить и крутить колесо.
Слышишь, на кухне замерли стрелки часов.
Но, ничего, ничего, ничего, погрустит и забудет,
Через время появятся новые люди.
Едут троллейбусы без габаритных огней.
Люди ночами делают новых людей.

Припев.

Людям так нравится делать новых людей.

Небо

(из репертуара группы "Дискотека Авария")

Слова и музыка А. Рыжова

Подвижно

Свет да-лё-ких пла-нет нас не ма-нит по но-чам— он мо-жет нам толь-ко снить-ся. За-

Мах-нём со мной на не-бо, ос-тавь на-рас-паш-ку ок-но, бе-зум-но и не-ле-по,

Припев:

как в за-бы-том ки-но. Ле-тим вы-со-ко лю-бить друг дру-га в не-бе меж звёзд и об-ла-ков,

1.
по-ма-ши мне ру-

2.
и све-жий ве-тер.

Свет далёких планет нас не манит по ночам –
Он может нам только сниться.
Зачем мы встретим рассвет опять в неоновых лучах,
И завтра всё повторится.
Взгляни – ты помнишь меня, ведь это были я и ты,
Летали за облаками,
Зачем, скажи, люди мысли, песни и мечты
Скрывают за семью замками?
Махнём со мной на небо, оставь нараспашку окно,
Безумно и нелепо, как в забытом кино.

Припев:

Летим высоко любить друг друга в небе
Меж звёзд и облаков,
Помаши мне рукой – мы на другой планете
Придумали любовь и свежий ветер.

Ты увидишь, как в небо уходят корабли,
Как закат торжественно печален.
Там, внизу на Земле мы это видеть не могли –
Мы сами себя не замечали.
Так необыкновенно внизу проплывают моря,
Впервые во Вселенной только мы – ты и я.

Припев.

В час, когда твой сон ещё так чуток и невесом
И первый лучик солнца к тебе заглянет в дом: а может, кто проснётся,
Вдруг приходят сны о небе на руках, сны о тёплых берегах и странах.
И вроде странно, будто ты всё это видишь с высоты
И кто-то есть с тобою рядом.

Обидно – просыпаться надо, вот и верь тем, кто твердит,
Что на другой планете любовь и свежий ветер.
Так необыкновенно внизу проплывают моря,
Впервые во Вселенной только мы улетаем с тобой.
С тобою остаться в небе,
Как хотелось остаться в небе…

А я всё летала

(из репертуара группы "Блестящие")

Слова Л. Стюф   Музыка В. Дробыша

Так напрасно думала я, что получу я все, что хочу.
День и ночь в своих мечтах летала я в облаках.
Мы с тобой по звездам идем, наша любовь и мы только вдвоем,
Ты несешь меня на руках, и я уже в облаках.

Припев:
А я все летала, но я так и знала,
Что мечты лишь мало для любви, ла-ла-ла,
А я все летала, но я так и знала,
Что мечты лишь мало, мало.

Как всегда в облаках я плыву, растаял ты в них и оставил одну.
Знай же, помню, как были с тобой, нашу храню любовь.
Без тебя, как без неба луна, ночь так темна, а я холодна,
Но не думай, я не грущу, так я сама хочу.
Припев.

Детская

(из репертуара группы "Руки вверх")

Слова и музыка С. Жукова и А. Потехина

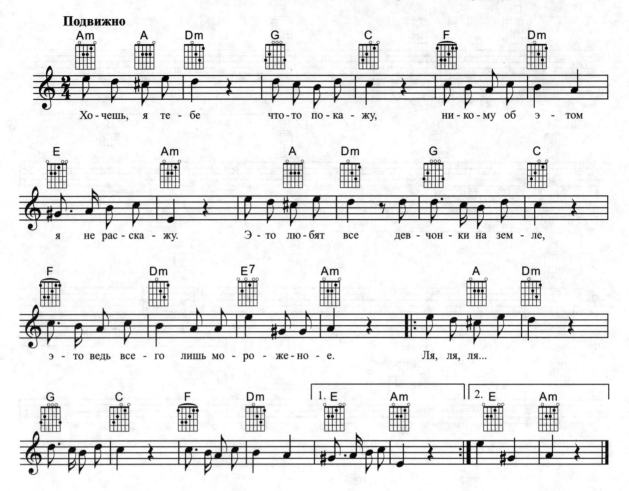

Хочешь, я тебе что-то покажу,
Никому об этом я не расскажу.
Это любят все девчонки на земле,
Это ведь всего лишь мороженое.

– Можно я с тобой рядом посижу,
Можно я тебе свою дружбу предложу?
– Мы же не одни, – шепчешь мне в ответ, –
От друзей у нас секретов нет.

 В гости не зовешь ты своих подруг,
Так не поступает настоящий друг.
Позовем их всех и пойдем ко мне,
Мультики посмотрим на видике.

Я вам показал маленький пример,
Также поступил бы каждый пионер.
Песенки мотив будем напевать,
Каждый должен другу помогать.

СОДЕРЖАНИЕ